アンタッチャブル・レコード

未曾有の記録をつくった伝説のプロ野球選手

元「週刊ベースボール」編集長
柳本元晴

彩流社

目次

はじめに

いつごろからだろうか。日本のプロ野球界で20勝投手がなかなか出なくなったのは。いつのころからだろう、一年で２００回も投げれば、すごいことだといわれるようになったのは。三振だって、一年で２００三振も奪えば、それはもはや「偉業」とさえいわれるようになっている。

日本野球界には、いまでは、おそらくは今後も、誰にも手の届かない大記録が存在する。そこに並ぶ数字を見ると、20勝投手はもとより、２００投球回も、２００奪三振でさえも、「並み」の数字と感じさせられる。

日本プロ野球とメジャー・リーグの記録を単純に比較することについては、意味がないという人もいる。そもそもレベルの異なる世界の野球、そしてその記録を比較するに値しないという人もいる。それは否定しない。

簡単なことをいうなら、日本のプロ野球記録だけをメジャー・リーグのそれと比較するのではなく、アジアで、たとえば韓国プロ野球、台湾プロ野球などとの比較もするべきではないのかという意見もある。

そういう声に耳を傾けながらも、あえてメジャー・リーグの数字だけを比較対象とするには、それなりに理由もある。

それはプロ野球が行われてきた歴史の長さである。

野球発祥の地であるアメリカはいうに及ばずだが、日本のプロ野球は一九三六(昭和十一)年にスタートし、アメリカのメジャー・リーグをのぞいては最長の歴史を誇っている。

草創期には一リーグ、春秋の二シーズン制などで行われてきた日本プロ野球は、第二次大戦中の休止期間の後、一九四六(昭和二十一)年には再開、そして一九五〇(昭和二十五)年には、メジャー・リーグ(アメリカン・リーグ、ナショナル・リーグ)にならって、セントラル・リーグとパシフィック・リーグの二リーグ制が誕生した。

以来、昨シーズンまで六十九年間、日本プロ野球は刻々と歴史を残してきたのだ。あえて「世界記録」と呼ばせてもらうが、日本球界には、その「世界」に勝る記録がいくつかある。

たとえば、王貞治が残した通算868本のホームラン。当時、ハンク・アーロン(アトランタ・ブレーブス)が記録していた755本のメジャー・リーグの通算本塁打記録を更新する「世界記録」として有名だ(その後、メジャー記録はバリー・ボンズが更新)。

王が活躍した時代の球場は本拠地とした後楽園球場をはじめとして、中日ドラゴンズの本拠地だった中日球場(のちナゴヤ球場)、広島カープの本拠地、広島市民球場、大洋ホエールズ(現・横浜DeNAベイスターズ)が本拠地とした川崎球場と、いずれも両翼が九〇メートル前後の狭い球場だった。さらには、東京ヤクルトスワローズの本拠地となっている明治神宮球場も、外野フェンスを前に出し、狭めて戦った時期が長かったし、阪神タイガースの甲子園球場も「ラッキーゾーン」と名付けた金網フェンスを両翼に設置し、他球場と同様、両翼はホームベースまで九〇メートルを少し超える程度だった。

そういった球場の広さを比較すると、王の本塁打記録を揶揄《やゆ》してしまう人も出てきそうだが、王へのリスペクトはメジャー・リーガーとて、変わるものではなかった。

思い出すのは二〇〇六年に行われた第一回ワールド・ベースボール・クラシック（ＷＢＣ）だ。記念すべき第一回ＷＢＣが、米国球審のあからさまな誤審を含め、紆余曲折を経て、優勝にたどり着いたのは、はっきりと記憶に残っているが、第二ラウンドに進み、米国内で試合をするたびに驚くような光景が見られた。

対戦する各国の選手（メジャー・リーグでプレーする多数の選手）たちが、次から次へと日本ベンチを訪れ、王監督に握手やサインを求める姿が続いたのだ。それは当時、メジャー・リーグで出色の活躍を見せていたイチローさえもしのぐものだった。

王貞治の一本足打法は、海外では「フラミンゴ打法」として有名ではあったが、それにしてもこれほどとは、と驚かされたものだった。そこには、異色の打撃スタイルで、８６８本の世界一の本塁打を放った男に対する大いなるリスペクトが存在した。

つまり、それがたとえ日本球界だけで達成されたものであっても、記録、数字の偉大さは実際に闘っている選手たちのほうが、よくわかっているのだ。そしてそれは、時代が移ろうとも、決して色あせることはない。

イチローが引退を発表し、また一つ、「平成」という時代の終わりとともに、偉大な選手が現役生活を終えたが、日本のみならず、米球界でも多大な敬意をもって送られるのは、やはり、イチローが残した最多安打記録があってこそのものであることは間違いない。何十年も埋もれたままだった数字を呼びおこしたのだ。

「401奪三振」だって、「42勝」だって、昔のことと切り捨ててはいけないのだ。リスペクトをし、それらの、まさに「偉業」を見直すことで、ほんの少しでも、球界の、本当の「レジェンド」と呼ばれる選手たちに近づけるのではないか。

そんな彼らの生きざまを、顧みてほしい。

それが、八十年を超えた日本プロ野球の、新しい歴史を築く道しるべとなると思う。

第一章　シーズン奪三振世界記録「４０１」　江夏豊投手

数はもとより奪三振率も飛びぬけてすごい

打者から三振を奪うこと、それは、プロであろうがアマチュアであろうが、ピッチャーにとっては最大の「快感」だ。

伸びのある速球で、高めのボールを振らせ、また、鋭い変化球を持つ投手は時に、低めのフォークボールでバットに空を切らせる。うなだれる打者、天を仰ぐ打者の、屈辱にまみれるポーズを見ながら、マウンド上の投手が思わず「よしっ」とガッツポーズをとってしまう気持ちもよくわかる。

チームのピンチ、マウンドにいる投手に、チームメイトが期待するのも「三振」である。

打球が飛んでくると、ボールがイレギュラーバウンドしてしまうかもしれない。エラーをするかもしれない。しっかりとキャッチしても、投げる時に悪送球をしてしまうかもしれない。プロでもアマでも野手にはそんな不安が、大なり小なりある。そんなときに投手が、三振でアウトを奪って、

江夏豊投手［イラスト・著者］

そのピンチを乗り切ってくれると、野手陣は口には出さぬとも、その胸中は、ほっと胸をなで降ろしていることが多いのである。

投手は、守っている野手の、そして首脳陣の「期待」を背中に感じ、期待通りに三振を奪ったその瞬間、「投手になってよかった」と思っているはずだ。

そんな「快感」を、1シーズンで最も多く味わった投手はだれか。

それが、一九六八年（昭和四十三年）、セントラル・リーグの江夏 豊（阪神）だ。

その数、「401」。

この数字は、日本最多だけでなく、メジャー・リーグと比しても最多の《世界記録》となる、すごい数字なのである。この「401」がどれだけすごいのか。ピンとこない人がいるかもしれないので、数字を挙げて比較してみよう。

近年のプロ野球では、1シーズンの奪三振で「200」を超えることもまれだ。一昨年

王貞治選手から三振を奪う江夏豊投手［イラスト・著者］

（二〇一七年）の「奪三振王」はといえば、セ・リーグはマイコラス（巨人）だが、「200」超えはならず、187奪三振に終わっている。昨年（二〇一八年）、菅野智之（巨人）が「200」で、セ・リーグでは三年ぶりに「200」に達した。

パ・リーグでは則本昂大（東北楽天）が五年連続の奪三振王となったが、初めて「200」超えを逃す187奪三振に終わっている。則本はこの連続奪三振王を奪った前年までの四年間、いずれも200を超える「奪三振キング」ぶりだったが、この四年連続は野茂英雄（近鉄）が一九九〇～九三年まで記録して以来のものだったので、五年連続は、タイトルとなって以来、初の偉業だ(タイトルとなる前には、阪神・江夏豊と近鉄・鈴木啓示が六年連続を記録している)。

二十一世紀になって、奪三振数「200」を超えた投手はのべ十九人いる。「のべ十九人」というのは、則本のように四年連続200超えを果たしたような投手がいるからで、詳しく紹介すると、「十一人で19回」ということだ。

そのうち、二〇〇〇年の石井一久(ヤクルト)、二〇一四年の藤浪晋太郎(阪神)、そして昨年の菅野を除いて、他の九人は、すべてパ・リーグの投手なのである。

その理由はこんなことが考えられる。

まず一つ。交流戦の対戦成績を見てもわかるように、パ・リーグが優勢の時代だったこと。そして、もう一つ。なによりもこれが一番の理由だと思うのだけれど、パ・リーグが指名打者制を採用していることにあると思われる。つまり、打順の兼ね合いがなく投手交代を行えるパ・リーグは、余力を残している投手を交代させる必要がない。力を出し切るまで投げられるということは、単純に三振を奪うチャンスもまた、少なくともセ・リーグの投手よりは、増えることになる。

その十一人いる「200」奪三振を超えた投手たちで最高の数字を残したのが、二〇一一年のダルビッシュ有(北海道日本ハム)で、276個を記録した。これも野茂以来の250超えだったが、それでもやはり「300」という数字には届かなかった。

日本プロ野球の投手に与えられる名誉ある賞といえば「沢村賞」がある。これは、メジャー・リーグの「サイ・ヤング賞」にならって、伝説の名投手である沢村栄治（巨人）の名を借りて、エースと呼ばれる男たちを、歴代、表彰してきたタイトルである。

もともとは、沢村が巨人に所属した投手だったということもあって、セ・リーグの投手だけが表彰の対象となっていたタイトルだったが、一九八九年から、セ、パ問わずに表彰することに変わった。

その沢村賞の受賞者は今、プロ野球界で一時代を築いた名投手たち七人が選考委員となって決めているが、そこには沢村賞ならではの基準があって、勝利数はもとより、完投数、投球イニング数などに加えて奪三振数も含まれている。その奪三振の基準は「２００」である。逆にいうなら、エースたるもの、シーズン２００奪三振くらいはしなくてはならないという、いわば「エースの基準」が「２００奪三振」なのである。

もちろん、沢村賞の選考に存在する七つの基準を、すべてクリアする投手が毎年出るわけではない。それはそうだろう「２００奪三振」を達成するだけでも毎年、一人ないし二人が出るのがやっとなのだから。だから、ほとんどの年は、その七つの基準数字をクリアした項目が多い投手、あるいは、できるだけその数字に近づいた投手から選出されるのが普通なのだ。あたりまえといえばあたりまえ。

あらためていうが、日本の投手にとって最大の栄誉といわれる「沢村賞」にしても、奪三振数の基準は「２００」にすぎないのである。逆の見方をすれば、江夏豊の「４０１奪三振」がいかにすごいことか、わかろうというもの。なんたって、その「倍」の数なのだから。

つまり、一人の投手が、それもごく一部の投手が、一年かけてやっと奪うことのできる三振を、この年の江夏豊は、あっさりと、しかも二倍の数の三振を奪ったのである。

話のついでに、「401」に届かなくても、「300」を超えた投手はいないかと見直してみた。すると、江夏が「401奪三振」を記録して以後は、江夏自身がその二年後に340奪三振を記録しているだけで、他に誰もいない。日本プロ野球は創設以来八十年を超え、二リーグ分立してからも、東京五輪が行われる二〇二〇年には「七十年」にならんとするが、その江夏が401奪三振を達成して以後半世紀、その二年後に達成した340奪三振を含めて、だれも手の届かない数字になっている。今や「401」どころか「300」すらも遠すぎて、現役投手たちの目標にすらなっていないのが現実だ。

まさに「アンタッチャブル」。遥かなる数字になってしまっているのである。

「401奪三振」を達成した一九六八年(昭和四十三年)の江夏は、プロ入り二年目。その年の誕生日五月十五日に「20歳」になるという若さである。この年、江夏は、先発にリリーフにと49試合に登板し、329イニングを投げた。

この329投球回という数字を現代のプロ野球に置き換えると、とてつもなく多い数字に見えるが、当時の野球はそもそもそういうもので、「エースたるもの、チームのピンチには、いつでもマウンドに上がる」ことが普通だった。

ローテーション投手は通常「中3日」「中4日」で回る。「中6日」で回っている現代のプロ野球の先発投手たちにとっては、信じられない数字に違いない。さらに、緊急時には連投も辞さず、前日完投していても翌日の試合にリリーフで登板することも珍しいことではなかった。なかには、ダブルヘッダー（一日2試合。今はこのダブルヘッダーが組まれることはほとんどなく死語状態。戦前戦後の草創期にはトリプルヘッダー（一日3試合）を行うこともあった）の第一試合に先発した投手が、第二試合でも登板するということもあった。だから、当時の各チームのエースと呼ばれる投手たちの1シーズンの投球回は軒並み300回を超えている。

実際に、今回のテーマに基づいて、シーズンごとの最多奪三振投手だけを比較してみても、ずらり300投球回超えが並んでおり、300イニングに届かないケースでも投球回は200台の後半の数字である。

一九五〇年にセントラルとパシフィックの二リーグに分立して以来、最多イニングを投じたのは、セ・リーグでは、「権藤、権藤、雨、権藤……」のフレーズで有名になった権藤博投手（中日）が新人年の一九六一年に投じた429回1／3。一方、パ・リーグでは「鉄腕」稲尾和久投手が同じく一九六一年に記録した404回だ。

ちなみに、稲尾はこの年、江夏に破られるまでのシーズン最多奪三振記録だった「353」を記録している。

奪三振記録の話に戻ったところで、次に「三振奪取率」を比較してみよう。

３２９回で４０１奪三振を記録した江夏と、それまでの日本記録保持者だった３５３奪三振を４０４回で記録した稲尾の奪三振率（一試合で何個の三振を奪うかを表すもの）は、江夏が試合に換算した時に「二ケタ奪三振」だというだけで、受けた印象も違うのではないだろうか。

ちなみに、シーズン３００個以上の奪三振を記録したのは次の投手たちである。

一九五五年	セ・リーグ	金田正一（国鉄）	４００回	３５０三振（７・88）
一九五六年	セ・リーグ	金田正一（国鉄）	３６７回１／３	３１６三振（７・74）
一九五六年	パ・リーグ	梶本隆夫（阪急）	３６４回１／３	３２７三振（８・01）
一九五七年	セ・リーグ	秋山登（大洋）	４０６回	３１２三振（６・92）
一九五七年	パ・リーグ	梶本隆夫（阪急）	３３７回１／３	３０１三振（８・03）
一九五八年	セ・リーグ	金田正一（国鉄）	３３２回１／３	３１１三振（８・42）
一九五八年	パ・リーグ	稲尾和久（西鉄）	３７３回	３３４三振（８・06）
一九五九年	セ・リーグ	金田正一（国鉄）	３２０回１／３	３１３三振（８・79）
一九五九年	パ・リーグ	杉浦忠（南海）	３７１回１／３	３３６三振（８・14）
一九六〇年	パ・リーグ	杉浦忠（南海）	３３２回２／３	３１７三振（８・58）
一九六一年	セ・リーグ	権藤博（中日）	４２９回１／３	３１０三振（６・50）
一九五五年	パ・リーグ	稲尾和久（西鉄）	４０４回	３５３三振（７・86）

一九六八年　セ・リーグ　江夏豊（阪神）　329回　401三振（10・97）
一九六八年　パ・リーグ　鈴木啓示（近鉄）　359回　305三振（7・65）
一九七〇年　セ・リーグ　江夏豊（阪神）　337回2／3　340三振（9・06）

このなかで奪三振率「10」を超えるのは一九六八年の江夏のみ。それどころか「9」を超えているもの一九七〇年の江夏のみだ。江夏の奪三振率がいかに図抜けているかがよくわかる。入団間もないうちから三振奪取の王座を確実なものとした江夏。実は入団一年目から六年連続でセ・リーグの最多三振奪取投手として、その名を残している。当時は、最多奪三振はタイトルではなく、連盟からの表彰もされなかったのだが、江夏は投手としてのプライドをかけて、奪三振に燃えていたのだ。

入団の経緯

江夏豊といえば、古くからの野球ファンにしてみれば「阪神のエース」。十年間阪神タイガースでプレーしたのち、当時の吉田義男監督との確執もあり、野村克也監督に請われて、南海ホークスに移籍した。その後、肩や肘の痛みもあって、長いイニングを投げることが困難となり、野村監督からの「革命を起こそう！」という言葉に心を動かされ、リリーフエースに転向。当時はまだ確立されていなかった「ストッパー」「クローザー」の日本での地位を高める活躍をした。

その後、野村監督と南海球団とのトラブルに巻き込まれた格好になって南海を退団し、広島カープに移籍。その広島では、一九七九年に江夏にとって初めてとなるリーグ優勝を経験。さらに近鉄との日本シリーズでは、雌雄を決する第七戦の9回裏、壮絶なドラマを演じた「江夏の21球」を経て日本一にも輝いた。

一九七九年、八〇年と連続日本一に導いたのち、日本ハムファイターズに移籍して、大沢啓二監督の下、リーグ優勝を果たすなど、行く先々で阪神―南海時代に一度も優勝を手にすることがなかったことも忘れさせるかのように、次々と優勝を手にし、晩年の江夏は「優勝請負人」と呼ばれるようになったのだ。

かように江夏は、球界のドラマチックな場面でしばしば登場するが、そのルーツは「阪神タイガース」にあるのは間違いない。阪神タイガースだったからこそ、「打倒巨人」に執念を燃やし、ONを筆頭に数々の好打者、大打者たちと名勝負を繰り広げ、数々のドラマをつくってきたといっても過言ではない。

江夏がプロ入り、つまり阪神入りしたころは、巨人のV9がスタートしたばかり。ルーキーイヤーは、その巨人の三連覇にあたる年だった。

当時の阪神は、いつも二位または三位。優勝争いで最後は巨人には手が届かず、優勝を逃してしまうというシーズンが続いていた。毎年のように「打倒巨人」をテーマに、《王者》に挑み続けるわけだが、その巨人に立ち向かったのが、「ミスター・タイガース」と呼ばれた投手・村山実であり、江夏豊だったのである。

　ということで、巨人に対する阪神の象徴的な存在となっていった江夏だが、実は、もしかしたら、「阪神・江夏豊」が誕生しなかったかもしれないと思わせられる瞬間がいくつもある。それどころか、なんと「巨人・江夏豊」になっていたかもしれないのである。

　江夏は、一九六六（昭和四十一）年に始まったプロ野球ドラフト会議の「一年目」、一九六七（昭和四十二）年秋のドラフトで、阪神タイガースから一位指名をうけ、入団したわけだが、その一年前、第一回のドラフト会議で、阪神が指名したのは右腕投手、石床幹雄（土庄高）だった。

　阪神のスカウト会議で最後まで候補に残っていたなかには、地元（兵庫県）、育英高校の左腕、鈴木啓示投手がいた。阪神は、在学中に高校を中退させて鈴木を獲得しようと画策したことがあったほどで、鈴木自身も、過去のそういういきさつもあって、阪神がドラフトで指名してくれるもの、と期待もしていた。ところが阪神は、最後まで迷った挙句、ベテランの佐川直行スカウトが推した石床を指名したのである。

　鈴木は結局、ドラフト一位では指名されず、二位で近鉄バファローズに入団している。ということは、あたり前だが、阪神が獲得しようと思えば、鈴木の獲得は簡単に（?）できたわけである。

　鈴木は入団した近鉄で一年目から十勝を挙げる活躍を見せる。最後まで指名候補に残っていた鈴木が見せた大活躍に、阪神の球団内では当然のようにスカウトを非難する声が上がっていた。

　それでも石床が期待通りに活躍をしていれば、そういう声を抑えることができたかもしれないが、石床は一軍での登板はわずか21試合。在籍五年で引退している。見せつけられた「彼我の差」に阪神スカウトは苦闘する。二年続けてドラフト会議で「失敗」するわけにはいかない。そう考えるのは当然だった。

当時の阪神は、村山実、G・バッキーの二人の右腕投手が中心。左投手では権藤正利がいたが、リリーフでの登板が多く、ローテーションの一角を任せる投手とは言い難い。そんな投手陣だからこそ、しっかりと先発を任すことができる「左」が欲しい。そんな状況なのに、あえて「左」の鈴木を外して「右」の石床を指名、そして獲得した。それなのに……周囲からの風当たりが強かったのも当然である。

おそらくここで、石床でなく鈴木を指名し、阪神が獲得していれば、翌年のドラフトで江夏獲得の動きはそれほど高まることはなかっただろう。とにもかくにも、「左腕投手」獲得は、その年のドラフト会議で阪神にとっては大命題になったのである。

張り巡らせたスカウト網に引っかかったのが、地元関西、大阪学院高校の左腕投手、江夏豊だった。阪神タイガースのフランチャイズ球場である甲子園球場で行われる高校野球の全国大会には出場していないが、その剛速球は早くから注目されていた。

失敗のできない阪神は、江夏の担当となった河西俊雄スカウトが、念には念を入れて、前年阪神の監督（六月末にチームの不振の責任をとって休養、藤本定義監督が復帰）を務めていた杉下茂に視察を依頼する。

大阪府大会での江夏の投球を見た杉下は、フォームのバランスと速球の質の良さを挙げて、担当の河西スカウトに「ぜひとも獲得すべし」と進言する。「ドラフト一位は江夏で行く」という方針は定まった。

ところが、当の江夏は大学進学（東海大学）を希望し、河西スカウトからの打診にもプロ入りを拒否する姿勢を見せていた。かたくなな江夏の姿勢に、河西スカウトも業を煮やし、断念せざるを得ない状況になったとき、代わって登場したのが、前年の「ドラフト失敗」の責を負っていた佐川スカウトだった。本音をいえば何として江夏が欲しい。しかし、佐川スカウトは江夏に向かって大芝居を打つ。

「オレはお前なんかいらんと思っている。プロでも通用するかどうかわからん。でも球団が、とりあえず行って話を聞いて来いというから、来ただけや」と江夏に言い放ったのである。

江夏の負けず嫌いの性格を逆手に取ったわけだが、その「作戦」が見事に成功した。

江夏は「クソッ、ほんなら、プロに入って見返したるわ！」と、大学進学をあきらめ、プロ入りを決断したのである。

まんまと佐川スカウトの作戦にはまったわけだが、前年のドラフト会議が「失敗」に終わった阪神、そしてその当事者となった佐川スカウトにしてみれば、一世一代の「バクチ」だった。

江夏を大学からプロへと方向転換させることには成功したが、開始して間もないドラフト会議は試行錯誤の繰り返し、その方法は毎年のように変わった。その年は高校・社会人ドラフトと大学生ドラフトの二部制。現在の一位指名選手が重複した場合と同様に、入札をし、重複した選手の抽選を行うというやり方だった。

高校生・社会人ドラフトにおいて、一位で江夏を指名したのは阪神を含め四球団。そこには、阪神の宿命のライバル球団である巨人もあった(ほかに東映、阪急)。打倒巨人を旗頭に、王や長嶋と名勝負を繰り広げてきた江夏の「GIANTS」のユニフォームを着た姿は想像しにくいが、二五パーセントの確率で、阪神ではなく「巨人・江夏」が誕生する可能性もあったということになる。

待望の左腕を得た阪神の期待は大きかった。当時は、ドラフト指名選手に研修の意味も込めて、球団の秋季キャンプに参加することがあったのだが、その秋季キャンプ中、江夏を球団の大エースである村山と行動を共にさせた。「エース教育」「英才教育」である。

阪神タイガースにとって、江夏にはどうしても成功してもらわなければならなかった。

カーブが曲がらない

意気揚々とプロ入りしたはいいが、実は江夏は少しばかりの不安を抱えていた。

ストレートには自信がある。気がかりはカーブだった。江夏の手は、身体のわりに小さい。指も長くはない。そのせいか、カーブがうまく曲がらない。捻ってみても、抜いてみても、曲がらないのだ。

その気がかりなことを、春季キャンプで何とか克服したい。江夏はキャンプイン早々、当時の川崎徳次投手コーチに伝え、カーブを教わろうとしたが、「徳さん(川崎コーチ)は、『カーブも投げられんのか、こうやって、ちょっと捻って投げれば曲がるやろ』と言うだけで真剣に教えてはくれなかった」と江夏は語る。

当時、球界の左腕投手のカーブといえば、「四百勝投手」金田正一(国鉄―巨人)が投じ、対戦した長嶋茂雄が「二階から落ちてくるような……」と表現したように、そのころは「ドロップ」といわれた「縦に大きく曲がり落ちる」カーブが代表的だった。

阪神にもそんなカーブの使い手がいた。権藤正利である。このベテラン左腕は、主にリリーフでの登板が多かったが、ローテーションの谷間ではしばしば先発した。阪神の主力投手陣にあって、貴重な左腕ということもあり、重宝されていた。

実際、江夏の入団した一九六七年には、このカーブを駆使して好投を重ね、セ・リーグの防御率一位のタイトルを獲得している(実はこの権藤も「世界記録」の持ち主なのだが、それについては後述)。

江夏は権藤に頭を下げた。

「権藤さんのカーブの投げ方を教えてください」。

権藤は「別にかまわないんだけれど」と言いながら、その左手を見せた。細く長い左手の中指の先が、少し曲がっていた。

聞けば、子どもの頃のケガがきっかけで指先が少し曲がったままなのだという。しかし、それがカーブを投げるのには効果的で、他人には真似のできない独特のカーブを生む秘密となっていた。

「これでは教えてもらおうにも、できない」とあきらめた。

一番親身になって教えてくれたのは、ベテラン右腕の若生智男だった。握りから手首の動き、親切丁寧にカーブの投げ方を江夏に伝えた。

しかし、それもあきらめざるを得なかった。若生の手は「投手らしく」大きく、指も長い。一方、江夏の手は前述したように、小さく、指も比較的短いのである。

「若生さんの投げ方は、長い指を生かして、ひねりながら親指のスピンを利かして、抜く投げ方だった。自分の手、指ではとても真似のできない投げ方だった」

工夫しながら、懸命にマスターしようとしたが、これも断念せざるを得なかった。

結局、江夏は高校時代そのままの、本人が「曲がらない」と自嘲したカーブで一年目のシーズンに臨まざるを得なかった。

一年目から「三振奪取王」

ルーキーイヤーは、開幕から一軍入りを果たした。カーブは不十分ではあったが、その速球には見るべきものがあった。藤本定義監督は、将来の阪神を担う男と認め、江夏の抜擢を早々と決めていた節もあった。

開幕四戦目の大洋戦(四月十三日)で早くもプロ初登板。二番手投手として、リリーフでの登板で、

3回を投げ、奪三振は2。

中四日、二試合目の登板は、プロ初先発での登板となった。甲子園球場のマウンドだったが、初回にスチュアートの2ラン本塁打などを喫して、一挙4点を奪われKO。ほろ苦い先発デビューとなってしまった。プロ初先発では、手痛い一発を食らい、苦い結果となった江夏だが、そこで、へこたれるような、並の新人投手ではなかった。

中三日おいて、再びリリーフでの登板となった中日戦では、7失点で早々KOされたマウンドだったが、なんと打つほうで、劣勢をひっくり返す満塁ホームランを放ち、一度は、チームを逆転に導いた。

チームは、その後、追いつかれたものの、再度勝ち越し、最後はエース村山が締めて、大逆転の勝利をおさめ、江夏はそこで、大きな輝きを放っている。

中二日おいて、二十六日のアトムズ戦では、二度目の先発のチャンスを得たものの、回2失点で降板。藤本監督にとっては、被安打2よりも、3四球のほうが気に入らなかったようで、思いのほか、早い降板となった。

開幕して三週間。江夏にとっては、プロの厚い壁に跳ね返されるような思いもあったはず。驚きと悔しさを抱えながらのスタートだったが、そんな苦労が報われる瞬間がやってくる。

プロ野球選手としての一カ月が終ろうかという四月二十九日、昭和天皇の誕生日。祝日の土曜日に行われた広島戦だった。

先発した江夏は、久保祥次捕手に、一発は浴びたものの、その本塁打を含む2安打に抑え、プロ初勝利を完投勝利で飾ったのである。ちなみに、もう一本の安打は、のちに江夏が「優勝、日本一」の感動を初めて味わった一九七九年広島カープの監督である古葉竹識選手だったのも、不思議な縁であったともいえようか。

前半戦だけで7勝(6敗)を挙げて、七月に行われたオールスター戦にも監督推薦で選出され、出場した。

全セ・リーグの指揮を執った巨人・川上哲治監督は、江夏をいずれもリリーフで、球宴三戦すべてに登板させた。江夏本人は「投げさせてもらえるだけでうれしかった」と感謝の言葉を口にしたが、この酷使に怒ったのが阪神・藤本監督だった。記者団を前に「テツ(川上哲治監督)の野郎、うちのピッチャーをワヤ(ダメ)にしてしまいやがる」とぶちまけた。

実は球宴直前、七月二十三日のサンケイ戦で先発して6回を投げ、敗戦投手になっており、中一日おいての三連投だった。

一リーグ時代の巨人監督である藤本監督にとって川上監督は後輩の一人。監督と選手の関係のまま で、川上巨人監督を「テツ」呼ばわりだ。

巨人との試合前、選手たちがいる前で、ベンチから「おーい、テツ!」とベンチ前に呼びつけ、頭を下げる川上監督に向けて、叱ったこともある。それはおそらく、巨人に対して劣勢が続く阪神の選手たちに対して、萎縮することのないよう、意識してとったポーズだったとも言われる。

実際にこの球宴後の対戦で、藤本監督は川上監督を呼びつけ、江夏に三連投させたことについてクレームをつけた。江夏もこうした藤本監督の「努力」によって、巨人に対するコンプレックスをなくしていった。

この年、チームは三位に終わったものの、江夏自身は42試合に登板し、12勝13敗、防御率2・74、そして奪三振225。当時は奪三振のタイトルはなく、もちろん連盟表彰はないが、堂々のリーグトップ。新人王の有力候補でもあったわけだが、新人王は武上四郎二塁手(サンケイ・アトムズ=現・東京ヤクルトスワローズ)に及ばず、獲得はならなかった。

江夏は、ストレートを中心に三振を奪い取っていったのだが、実は江夏のいう「曲がらないカーブ」が効果的に機能したところもあった。それを口にしたのは王貞治だ。

「江夏のボールは、ストレートは速いし、カーブが打ちにくい。あのカーブは、ボールの回転こそはカーブなんだけれど、イメージした通りに曲がってこず、スーッとまっすぐ伸びてくるのが、他の投手のカーブと違って、かえってタイミングをとれず、打ちにくいんだ」

江夏自身も「球宴に出たときに、王さんから『ユタカのカーブは打ちにくい』と言われた」と口にしている。新人王は獲得できなかったものの、リーグ一位の奪三振に江夏は自信を強めた。さらに、この奪三振に生きがいを見出していく。

そこには同世代、一学年上の二人のライバルの存在がある。一人は鈴木啓示。

一年前のドラフトで阪神が指名せず、それがまわりまわって、翌年のドラフトでの江夏指名につながった因縁もある。所属チームはパ・リーグではあるが、阪神と同じ関西球団の一つである近鉄。一年目から活躍していたこともあって、なにかと比較された。

二年目のことになるが、江夏がセ・リーグのタイ記録となる一試合16奪三振を記録した日、鈴木がノーヒットノーランを達成し、スポーツ紙の一面を奪われてしまったこともある。

後年には「スーちゃん」「ユタカ」と呼び合い、仲良くなる二人だが、若いころは何かと競い合い、常に意識し合う関係だった。

そしてもう一人は、ライバル巨人のエース、堀内恒夫。

「ONを含め、強力選手たちをバックにしている巨人だから、少々点を奪われてもすぐに取り返してくれる。だから、おそらく勝ち星は増える。堀内と勝ち星を競い合っても上回るのは難しい。だから、勝ち星を目標にするのではなく、自分の力で奪い取ることのできる三振数で堀内を上回りたい」と意識を変えた。

ライバルの存在を糧に、さらには憧れでもあり、チームの大先輩である村山実投手を目標にし、動き出した江夏豊の二年目のシーズンだった。

カーブを武器に

二年目を迎えた江夏にとって、チームの投手コーチの交代が大きな転機となった。

新しく投手コーチに就任したのが林義一氏だった。二リーグ分立後、大映の選手として、パ・リーグで初のノーヒットノーランを達成した投手である林コーチは、指導力が高く評価され、各球団で引く手あまたの名コーチとして鳴らしていた。コーチは選手からは選べない。コーチが選手の指導に合っているかどうか、相性がいいかどうかは、やってみないとわからない。江夏にとっては、林コーチの指導が合っていたということだろう。

「(林)義一さんのおかげ。あの人は、上からガーッというのではなく、一緒に考えようという感じで、丁寧に教えてくれた」

江夏は自分の野球人生を変えてくれたコーチを問われたときに真っ先に林義一コーチの名前を挙げるほどだ。それはその投球にも大きな変化となって訪れる。

春季キャンプ中、林コーチは江夏に「(右打者の)外角低めのボールを磨け」とブルペンではひたすら外角低めのストレートを投げさせた。

「キャンプ中、当時はだいたい三千球くらいを投げ込んでいたと思うけれど、そのうち二千五百球くらいは外角低めのストレートだったんだじゃないだろうか」と江夏は振り返る。

「なんで外角低めのボールばかり練習させるんだろう?」と江夏は林コーチの指導方針に少しばかり違和感を持ってもいた。実はそのころの左投手といえば、前記したように大きなカーブと右打者の内角へ鋭く食い込むように投じる、俗に「クロスファイヤー」と呼ばれるストレートを主武器にする人が多かったからだ。

江夏自身、一年目に12勝をあげたが、エースと呼ばれる投手になるためには最低でも20勝を挙げねばならない。そのためには「クロスファイヤー」を磨くことが必要不可欠と感じてキャンプに臨んでいたのだ。

とはいえ、二年目の春季キャンプ。コーチに反論できるだけの実績もない。違和感を持ちながらも、いわれるがまま、ひたすら外角速球を投げ続けた。ときおり体のバランスについて注意されることはあったが、それもやんわり、いわれるだけ。むしろ一緒に考えていこうという指導法でキャンプは続いていった。

投げ続けてきた成果だろう。キャンプの終盤には、ほぼ狙った通りに外角低めに投げることができるようになった江夏は、一方で自分自身の制球力のアップにも自信が持てるようになってきた。江夏の制球力の高さは早くから言われてきたが、実は江夏自身、プロ入り入団に際してコントロールに自信があったわけではない。

「ノーコンだった。力いっぱい投げるだけで、細かいコースなんて、狙ったって無理」

そう思って投げていた一年目は、三振も200を超える（223）数を奪ってはいたものの、四球も80個と、コントロールがいいとはとてもいえない投球だった。

それが、キャンプで取り組んだ外角低めへの練習で、制球力にも自信がついてきた。四球の数こそ減った（97個）とはいえないが、投球回が増えたこと（230回1/3→329回）を考えると、その割合でいえば、大幅に減ったといえるだろう。

さらに林コーチに言われたのは「投球のバランス」。年がら年中、全力投球をしていたのでは、いくら若いからとはいえ、疲れも増す。しかも力みかえって投げていても、ボールに球威が増すわけでもなく、コントロールもよくなるわけがない、ということだった。そのうち、江夏は投球のなかで「メリハリ」をつけることを身に付ける。

「いかにして、最後のフィニッシュのところ、ボールを離すところに効果的に力を加えるかということ」

すると、コントロールも安定し、そのうちに自信も増してきた。それは江夏自身にとっても予想以上の効果、コントロールへの不安がなくなっていた。

そのころの阪神には二人の「辻」姓の捕手がいた。一人は「辻佳紀」捕手。口ひげを貯えていたこともあって「ヒゲ辻」と呼ばれていた。もう一人は「辻恭彦」捕手。こちらはがっしりした体型から「ダンプ」とニックネームが付けられていた。

あえて野球の技術的な特徴を探すならば、「ヒゲ辻」の方は打力で「ダンプ辻」を上回っており、総合的なバランスがとれている。一方の「ダンプ辻」は守りが中心。配球などインサイドワーク、キャッチングで上回っているといわれていた。それぞれが、投手との相性や調子を見つつ起用されてきたわけだが、江夏にはこの年から「ダンプ辻」とのコンビが多くなった。それは、若い江夏だけに投球術、組み立てを重視する「ダンプ辻」の方がいいだろうという判断だったと思われる。

キャンプが終わると、約一カ月後のシーズン開幕を前に、オープン戦で調子を整えていくわけだが、当時、同じ高知県でキャンプをはっていた阪神（安芸市）と阪急（高知市）は、その初っ端で「定期戦」を行っていた。

その「開幕戦」に起用されたのは江夏―辻恭彦のバッテリー。林コーチは、そのとき辻に「外角低めのストレートを中心にした組み立て」を進言したというが、辻(恭)は、前記したとおり「左投手のクロスファイヤー抜きの組み立ては、しにくい」と難色を示していた。

しかし、林コーチは「キャンプで江夏がどういう練習をしてきたか見ていただろう。その練習の成果を見るためにも、アウトローのボールが使えることをお互いに確認したい」と強く希望した。

しかたなく「投球の大半をアウトロー」を要求した辻(恭)に、マウンドの江夏は「キャンプと一緒や。ようアウトローばかり投げさせるもんや」とあきれながらも要求どおり投げ続けた。

そのうちに辻(恭)は、キャンプで鍛えてきた江夏のアウトローへの制球力に(いい意味で)呆れ、そして自信を持ち始めることになる。

決定的になったのが打席に阪急の主力打者・長池徳二を迎えたときだった。フィニッシュとなったボールは、外角低めのストレート。それを長池は手も足も出ないという感じで見送ったのだ。

辻(恭)はそのとき、「これは使える」という実感をつかんだのだろう。江夏と二人でいかにこの外角低めのボールを生かすかという配球を考え、実行するようになっていった。

実はこの春季キャンプで江夏は、林コーチに、その後の大きな武器となるカーブの投げ方を教わっている。前記したように、当時の左投手のカーブといえば、「親指と人差し指の間をひねりながら抜いて投げる」大きく落ちるカーブが主流だったが、江夏が体得したカーブは、今でいえばスライダーに近いものだ。曲がり幅は大きくないが、鋭く曲がった。ときにそれは相手打者からも「フォークか?」と問われたほどだ。

ただ、キャンプでは外角ストレートを磨くことをテーマとして練習を繰り返していたので、カーブ取得に着手したのはキャンプも後半だった。まだまだ自在にこなせるという手ごたえはなかったが、オープン戦のなかで辻捕手と、よりカーブを生かす投球を考えていった。

開幕のころには使えるという手ごたえを感じ、二年目のシーズンに意気揚々と臨むことになる。

実はカーブと併せてフォークボールにチャレンジしたこともあった。阪神のエースであり、大先輩と慕った村山投手は、速球とフォークボールが主たる武器。江夏は「村山さんのピッチングを見ていて、オレもあんなフォークを投げられたらいいな、と思った」と、フォークボール取得に取り組んだが、結果からいえば、希望どおりのフォークを投げることはできなかった。江夏の手が比較的小さいことは書いたが、それが一番の理由。きれいに抜けなくても、少しばかりの変化、チェンジアップがわりになればいいと思って試合で投げたこともあるようだが、打席よりはるか手前でワンバウンドしたり、まったく変化しなかったりと、試合で使うには心もとない球種でしかなかった。

それでも、新聞や雑誌の取材で「変化球の握りを見せてください」という企画があれば、あえてフォークの握りを披露した。それは、「相手打者に対しては、一つでも多く球種を持っていると思わせたほうが有利だから」という理由だった。

実際に、手にした「小さなカーブ」は鋭くタテに曲がり落ちたが、江夏も(村山同様に)フォークを投げるという先入観を持っている記者から「あの球はフォークですか?」と訊かれることがあり、江夏は「うん、うん」と否定せず、うなずいていたのだという。

江夏の「三振」といえば、401奪三振と並んで、一九六九年のオールスター戦での9連続奪三振が有名だ。当時の新聞報道を見ると、三振を奪ったボールの球種が一球ごとに記されているものがある。そこには、江夏が「投げていない」という「フォークボール」も書かれているのだ。

つまり、江夏が手にした二種類のカーブのうち、「小さなカーブ」がフォークボールと見まがうばかりに鋭くタテに落ちるボールであったということだろう。

オープン戦の段階で覚えたばかりのカーブを試投し、手ごたえを感じた江夏は自信をもってシーズンに臨んだのだった。

401奪三振の軌跡

江夏は一九六八年、49試合に登板した。登板した49試合の内容を一つずつ紹介していこう。

[1]7奪三振/通算7奪三振
4月9日　対サンケイ(神宮球場)　先発　投球イニング5回　●1敗

[2]6奪三振/通算13奪三振

4月14日　対巨人（甲子園球場）　先発　投球イニング7回1/3　◯1勝1敗
［3］1奪三振／通算14奪三振
4月15日　対巨人（甲子園球場）　救援　投球イニング1回2/3
［4］11奪三振／通算25奪三振
4月20日　対巨人（後楽園球場）　先発完封　投球イニング9回　◯2勝1敗
［5］14奪三振／通算39奪三振
4月25日　対広島（広島市民球場）　先発完投　投球イニング9回　◯3勝1敗
［6］11奪三振／通算50奪三振
5月1日　対中日（中日球場）　先発完投　投球イニング8回　●3勝2敗
［7］2奪三振／通算52奪三振
5月5日　対サンケイ（甲子園球場）　救援　投球イニング1回　◯4勝2敗

［8］13奪三振／通算65奪三振
5月8日　対中日（甲子園球場）　先発完投　投球イニング9回　○5勝2敗

［9］6奪三振／通算71奪三振
5月11日　対サンケイ（東京スタジアム）　先発　投球イニング7回

［10］4奪三振／通算75奪三振
5月15日　対中日（中日球場）　先発　投球イニング6回

［11］13奪三振／通算88奪三振
5月20日　対大洋（川崎球場）　先発完投　投球イニング12回　○6勝2敗

［12］2奪三振／通算90奪三振
5月25日　対巨人（甲子園球場）　先発　投球イニング3回

［13］3奪三振／通算93奪三振
5月29日　対広島（広島市民球場）　救援　投球イニング1回

［14］7奪三振／通算100奪三振
6月2日　対巨人（後楽園球場）　先発　投球イニング4回
［15］6奪三振／通算106奪三振
6月4日　対大洋（甲子園球場）　救援　投球イニング2回　○7勝2敗
［16］12奪三振／通算118奪三振
6月8日　対サンケイ（甲子園球場）　先発完投　投球イニング9回　○8勝2敗
［17］8奪三振／通算126奪三振
6月12日　対広島（甲子園球場）　先発　投球イニング8回　●8勝3敗
［18］9奪三振／通算135奪三振
6月14日　対大洋（川崎球場）　救援　投球イニング4回2/3　●8勝4敗
［19］10奪三振／通算145奪三振
6月18日　対中日（中日球場）　先発　投球イニング6回　●8勝5敗

［20］11奪三振／通算156奪三振
6月22日　対中日（甲子園球場）　先発完投　投球イニング9回　○9勝5敗

［21］1奪三振／通算157奪三振
6月23日　対中日（甲子園球場）　救援　投球イニング1/3

［22］13奪三振／通算170奪三振
6月27日　対サンケイ（甲子園球場）　投球イニング9回　○10勝5敗

［23］6奪三振／通算176奪三振
6月29日　対広島（広島市民球場）　救援　投球イニング2回

［24］10奪三振／通算186奪三振
7月2日　対巨人（札幌円山球場）　先発完封　投球イニング9回　○11勝5敗

制球力については、早くから年齢に見合わず優れたものがあった江夏。その証明ともなったのがこの試合だった。バッテリーを組んだ「ダンプ」辻恭彦捕手と、「打者が最も打ちづらく、危険の少ない外角低めへの制球」をテーマに取り組んでいたが、辻捕手は「この試合から、明らかに外角低めに投げるコントロールがつき、打者の打ち気を呼んだ投球ができるようになった」と話す。

巨人を相手に、1対0で完封。与えたヒットもわずか一本という素晴らしい内容だった。

[25]8奪三振/通算194奪三振
7月7日　対広島(甲子園球場)　先発完封　投球イニング9回　○12勝5敗

[26]3奪三振/通算197奪三振
7月10日　対大洋(甲子園球場)　救援　投球イニング1回1/3

[27]9奪三振/通算206奪三振
7月13日　対巨人(甲子園球場)　先発完封　投球イニング9回　○13勝5敗

[28]10奪三振/通算216奪三振
7月19日　対サンケイ(甲子園球場)　先発完投　投球イニング9回　○14勝5敗

[29]10奪三振／通算226奪三振
7月27日　対広島（広島市民球場）　救援　投球イニング5回1/3　○15勝5敗

[30]7奪三振／通算233奪三振
7月31日　対巨人（甲子園球場）　先発　投球イニング8回　●15勝6敗

[31]9奪三振／通算242奪三振
8月4日　対広島（甲子園球場）　先発完封　投球イニング9回　○16勝6敗

[32]16奪三振／通算258奪三振
8月8日　対中日（中日球場）　先発完投　投球イニング9回　○17勝6敗

三振奪取ペースを大幅にアップしてきた江夏は、八月八日の中日戦で当時のセ・リーグタイ記録となる16奪三振を奪う。翌朝の新聞も一面と思いきや、同日、近鉄バファローズの鈴木啓示投手がノーヒット・ノーランを達成し、扱いも鈴木のほうが大きかった。そのため、江夏は、（鈴木のせいではないのだけれど）鈴木啓示投手にライバル心をふつふつと膨らませることになる。

［33］4奪三振／通算262奪三振
8月11日　対大洋（西京極球場）　救援　投球イニング1回1/3

［34］8奪三振／通算270奪三振
8月15日　対巨人（後楽園球場）　救援　投球イニング4回

［35］12奪三振／通算282奪三振
8月18日　対中日（西京極球場）　先発完封　投球イニング9回　○18勝6敗

［36］8奪三振／通算290奪三振
8月21日　対サンケイ（神宮球場）　先発完封　投球イニング9回　○19勝6敗

［37］9奪三振／通算299奪三振
8月25日　対大洋（川崎球場）　先発完投　投球イニング9回　○20勝6敗

［38］0奪三振／通算299奪三振
9月1日　対サンケイW第1試合（甲子園球場）　救援　投球イニング2/3　●20勝7敗

[39]13奪三振／通算312奪三振
9月1日　対サンケイW第2試合（甲子園球場）　先発完投　投球イニング9回　●20勝8敗

[40]11奪三振／通算323奪三振
9月4日　対広島（甲子園球場）　先発完投　投球イニング9回　○21勝8敗

[41]14奪三振／通算337奪三振
9月8日　対中日（中日球場）　先発完投　投球イニング9回　○22勝8敗

[42]8奪三振／通算345奪三振
9月12日　対大洋（川崎球場）　先発　投球イニング8回　●22勝9敗

[43]日本記録更新　13奪三振／通算358奪三振
9月17日　対巨人（甲子園球場）　先発完封　投球イニング12回　○23勝9敗

江夏の三振奪取のハイライトともいえる一戦だった。稲尾和久投手の持つ353奪三振の日本記録に王手。前の試合までに345奪三振まで積み重ねていた江夏はこの日、相手が宿命のライバルともいえる巨人との一戦ということで、試合前から「三振奪取記録は王(貞治)さんから獲る」と燃えていた。

なぜ王からなのか。それは、先輩・村山投手から「長嶋はワシのライバル。おまえは王をライバルとせよ」と言われていたからだ。

「二代目ミスター・タイガース」といわれた村山投手は、阪神のエースとして巨人、特に長嶋と名勝負を繰り広げてきた。一九六〇(昭和三十五)年、昭和天皇が初めてのプロ野球観戦に訪れた、世にいう「天覧試合」で9回裏、村山からサヨナラ本塁打を放って勝負に決着をつけたのが長嶋だった。

村山は生前、「天覧試合のホームランはファウルだった」と言い続けた。当時の映像などを見直してもホームランであるのは明らかなのだが、それほど、悔しい気持ちを持ち続けたということだろう。

そんなこともあって、村山は巨人、なかでも長嶋を倒すことに執念を燃やす。天覧試合から六年経った一九六五(昭和四十)年、通算1500奪三振が目前に迫ったとき、村山は「1500三振は長嶋から獲る」と宣言。そしてそれを見事に実現させ、長年持ち続けた雪辱を晴らした。

先輩エースの執念を間近に見てきた江夏は村山同様、「けじめの三振はライバルたる王貞治から獲る」と燃えていたのである。

そして始まった伝統の「阪神—巨人戦」は、江夏が快投をつづけ、4回表には江夏は王から空振り三振を奪う。これで通算353奪三振のタイ記録となった。

ところが、この王から奪った三振が「354」個目の新記録だと江夏は勘違いしていた。狙いどおりに王から三振を獲って、意気揚々とダグアウトに戻ってきた江夏は、タイ記録だと知らされる。少々焦る。

「新記録は王選手から」

これを実行するため、ここから江夏の「神技」にも似た投球が続く。次の王の打席まで、一つの三振も奪うことなく切り抜けるのである。

巨人打線を相手に、バットの出やすいコースの近くに投げ、凡打にさせる。ピンチは投手の高橋一三の打席。図らずも2ストライク1ボールと追い込んでしまった。ここもカーブで二塁ゴロを打たせて切り抜けた。口にするのはたやすいが、相手は首位を行く巨人打線である。このとき、阪神は僅差で巨人を追う二位。優勝争いの真っただ中にいる両チームの「首位攻防戦」なのである。

藤本監督は巨人との決戦を前に、一番信頼できる投手である江夏を九月十七日の第一戦、さらに十九日の第三戦にも先発させると、勝利に向け強い意欲を見せていた。

そんなチーム状況のなか、自身の三振奪取記録だけを優先して、チームの勝利が危うくなることだけは避けなくてはならない。そういう条件での「打たせて取る投球」演じてみせたのだ。だからこそ、「神技」と表現したい。

7回一死、再び打席に王を迎える。こうなれば、駆け引きも何もない。打者・王との戦いだけに集中すればいい。

江夏は「このときの王さんの目は怖いくらいに血走っているように見えた」というが、一方で「自分のベストの投球ができれば三振は取れる」という思いも持っていた。

初球は外角低めへのストレートが決まる。2球目のカーブをファウル。3球目は高めの「つり球」を見送りボールで、カウントは2ストライク・1ボールになった。

勝負の一球、4球目は内角寄り真ん中高めのストレート。見送ればボールだが、王はフルスイングし、空振り三振。江夏はシーズン通算354奪三振となり、「日本記録」を更新した。

「最後の球は絶対に打てない」と辻捕手は断言した。

日本記録の更新は、276回1／3を投げて達成した。稲尾の353奪三振は404回を投げて達成したもの。記録達成時の奪三振率は「11・5」、すさまじい数字である。

優勝争いのなか行われたこの試合は、勝負を決めたのも江夏だった。0対0のまま試合は延長12回裏、一死一・二塁で打席に入った江夏はワンバウンドで一塁手・王の頭上を越えてライト前に転がるヒットを放ちサヨナラ勝ち。この試合の主役を演じたのだ。

［44］10奪三振／通算368奪三振

9月19日　対巨人（甲子園球場）　先発完封　投球イニング9回　◯24勝9敗

延長12回の激投から中一日で再び巨人戦のマウンドに上がった江夏は、さすがに疲労困憊、イニングの合間にはベンチ裏の長椅子に寝転がるほどだった。しかし、ピッチングは圧巻。巨人打線を二試合連続完封。さらにここでも7回に決勝打となる一打を放っている。

[45]3奪三振／通算371奪三振
9月28日　対巨人(後楽園球場)　先発　投球イニング4回2/3　●24勝10敗

[46]8奪三振／通算379奪三振
9月29日　対巨人(後楽園球場)　先発完投　投球イニング9回2/3　●24勝11敗

[47]2奪三振／通算381奪三振
10月5日　対広島(広島市民球場)　先発　投球イニング6回

[48]世界記録達成　12奪三振／通算393奪三振
10月8日　対中日(中日球場)　先発完投　投球イニング9回　○25勝11敗

日本記録を更新した江夏の次なる目標は世界記録。当時、ロサンゼルス・ドジャースのエースとして著名なサンディ・コーファックスが持つ「382」奪三振が、メジャー記録(その後、ノーランライアンが更新して383奪三振を記録している)として残っており、この数字を抜くことが「世界記録」として認められることになる。

ただ、江夏自身は世界記録をそれほど意識はしていなかったという。「今ほどメジャー・リーグの情報はなかった時代で、自分自身、それほどメジャーの記録は意識していなかった。だから後で、そうだと言われて、コーファックスの名前は聞いてはいたから、まあ、よかったなと思った程度だった」と述懐している。

記録を達成した日の新聞のコメントを見ても、「知っていましたよ。けれど、日本記録の時のほどの感激はない。それより25勝がうれしい」と、この日挙げたシーズン25勝目となる「1勝がうれしい」と言っている。

[49]8奪三振/通算401奪三振
10月10日　対中日(甲子園球場)　先発完投　投球イニング9回　●25勝12敗

このシーズンの江夏のすごいところは、「401」以外にもたくさんある。一試合二ケタ奪三振が20試合、1イニング三者三振は20回。23イニング連続奪三振は、いずれも史上初のことだった。

最後に江夏の持論を紹介する。

「足が大きく動く打者のウイークポイントはグリップエンドにある」

日本記録を更新した王との対戦で、江夏はウイニングショットをインコース高めのストレートと決めていた。あとはいかにそこまで持ち込むかということだけ。実際に、タイ記録も新記録も最後は内角高めストレートで三振を奪った。

もし、イチローと対戦したら、という問いを江夏にした。その答えは、王と同様にグリップエンドを狙う。

「足が動く打者は、内角高めにウイークポイントがある」

日本にいた当時、振り子打法といわれ、フリーフットの右足を大きく動かすイチローも王と同じ攻めで三振を取りに行っただろうと言った。

第二章　シーズン最多「42勝」稲尾和久投手

以前、担当していた野球専門誌で、稲尾和久さんのお話を聞く機会がたくさんあった。

もともとは、技術的な解説をお願いするページがあって、稲尾さんの解説を私が文字にするという仕事が始まりだったわけだが、稲尾さんの優しく、面倒見の良さを頼って、その担当ページに限らず、多岐にわたって、いろいろお願いをした。

まだ若かった頃、駆け出しの編集記者だった私に、球場やキャンプ地などでも気さくに声をかけてくださり、食事をともにさせてもらったことが何度もある。

稲尾さんとの思い出で、何度か口にされていた言葉がある。

「42勝ってわかっていれば、あと一つや二つは絶対に勝っていた」という言葉だ。

それは、稲尾さんが持つシーズン最多勝記録のことだ。

「鉄腕」稲尾和久投手は、一九六〇(昭和三十五)年、そのニックネームそのものの大車輪の投球を見せ、42勝14敗の日本野球歴代最高の勝ち星を記録した。

エース投手の証明ともいわれてきた「20勝投手」の誕生でさえ、珍しくなった昨今のプロ野球界から見たら、20勝の倍以上の勝ち星を挙げる成績がどんなものか想像もつかないだろうが、この年、稲尾投手は、当時としては日本球界最多の78試合に登板し、42勝を挙げたのである。

この年は、実はセ・リーグでルーキー投手の権藤博(中日)が獅子奮迅の活躍で、新人投手としては最多の65試合に登板、35勝を挙げている。「権藤、権藤、雨、権藤……」が中日のローテーションだと皮肉られていた年のことである。

ところが同じ年に、パ・リーグでは稲尾投手がまさに「鉄腕」の面目躍如、権藤博投手を上回る登板試合数、三振奪取、そして勝利数を記録したのである。

ちなみに、九州出身(佐賀県・鳥栖高)の権藤博投手は、社会人野球のブリヂストンからプロ野球に身を投じた。目標としたのは稲尾和久投手。バックスイングに入る際に、右足のカカトをひょいと上げるフォームは、稲尾のそれを参考にしていたといわれ、あわせてエースたるもの、苦しいときには連投も辞さずで、マウンドに上がる姿勢も受け継いでいた。

そして稲尾。こちらは「雨にも負けず、風にも負けず、夏の暑さにも負けず」の登板数である。

権藤の活躍が、センセーショナルであったため、そして酷使の影響か、短命に終わったことで、その悲劇性がクローズアップされ、登板過多が騒がれたわけだが、その酷使の権藤(69試合)を上回る登板試合数(78試合)を稲尾は投げたのである。そして、それだけの登板試合数を記録し、積み重

稲尾和久投手［イラスト・著者］

ねた白星が「42」。

その年、シーズンを迎える稲尾の状況を紹介する。

前年の一九六〇年は、チームは二年連続V逸。一九五九年に優勝を逃し、三原脩監督は西鉄の監督を辞し、セ・リーグの大洋ホエールズの指揮官として、前年最下位のチームを優勝に導き、パ・リーグの覇者となった大毎オリオンズを下し、日本一に輝いた。西鉄時代にさんざん誉め称えられた「三原マジック」は大洋でも発揮され、周囲を驚かせたものだ。

三原監督が去った西鉄の監督には、投手コーチを務めていた川崎徳次が就任した。

「三原がいなくて、西鉄は勝てるのか」という雑音は、いやでも耳に入ってくる。そういう周囲の声をシャットアウトするためにも、ぜひとも優勝したかった。

しかし、結果からいえば、首位大毎から12ゲーム差をつけられた三位。稲尾自身も20勝に終わった。あえて「終わった」と書いたのは、それまでの三年間、いずれも30勝を超える勝ち星を挙げていたから。つまり「三年連続30勝超え」の稲尾投手が、わずか20勝に終わっていたということだ。それも、最後の最後にやっと20勝にたどり着いたという、稲尾にとってはそれまでで一番悪い成績だったのだ。

それはなぜか……。

三原監督がいないということで、人一倍責任を感じていた稲尾は、キャンプ時からいきり立っていた。

「勝ちたいという気持ちが強すぎた。キャンプで無理をしたところもあって、はっきりいえば、調整の失敗。肩にも痛みが出てきた」

当時を振り返って稲尾は言った。

おまけに猛打を振るってきた打線は、中軸の中西太が右手首の腱鞘炎を訴え、前年から欠場しがちで、一九六〇年はわずか31試合の出場で、本塁打も1本という状態。とても頼りにはできそうもない。

すべてにおいて空回り。肩の不調も続いており、無理もできなかった。過去四年間の投球がウソのように、登板数も激減。四年間で276試合、シーズン平均で言えば69試合に登板してきた稲尾にとっては信じられないが、39試合にとどまっている。投球回数ももちろん、最小の243回だ。

南海・杉浦忠投手に独占された一九五九年に続いて、二年連続して投手タイトルを一つも手にできなかったのである。優勝できないどころか、よくぞAクラス(三位)に残ることができた、と思われるほどチーム状態は良くなかったのである。

恨みはないが、「三原がいないから」と揶揄された、いわば「張本人」たる三原脩監督が率いた大洋ホエールズは優勝、そして日本一を手にした。周囲の雑音は大きくなるばかり。エースの責任を胸に、稲尾は捲土重来を期した。

これだけいえば、稲尾はすでにチームの中心であることはもちろんだが、年齢的にもベテランの域に達しているのではないかと感じる人がいるかもしれないが、一九三七年生まれの稲尾は、一九六一年のシーズン中に二十四歳になる、普通ならまだまだ「若手」と呼ばれる年齢だ。しかし、すでに大黒柱たる成績と、風格を身に着けていた稲尾は、そういう若さを感じさせなかった。

そして迎えた一九六一年のシーズン。

「(前年の反省から)、勝とう勝とうと意識せずに、コンスタントにいい投球ができるようにと心がけたことがよかったのかも」と振り返ったが、四月九日の開幕戦で近鉄を相手に完封勝利をあげた稲尾は、そのまま調子の波に乗った。

四月は5勝(1敗)、五月も5勝(2敗)。この後も順調に白星を重ね、七月十一日の南海戦で早々に20勝に到達した。シーズンはまだ半分にも達していない。二年ぶりの30勝はもちろんのこと、このままでいけば、40勝超えも期待できる。

その一方で不安もあった。

前年悩まされた肩の不調が、完全に回復したとは言い難いことを稲尾自身が感じていた。

「なかなか疲れが取れない。三日間の休養がなければ体調が十分にならないんだ」と口にしたこともあった。かつては、三原監督にいわれるまでもなく、チームのピンチとなれば率先してブルペンに行き、登板に備えていた稲尾が、連投はおろか「三日間の休養がほしい」とこぼした。

「鉄腕」はゆっくりと、しかし確実に錆び付いてきていた。

もちろん引退後のことではあるけれど、「蠟燭の火が燃え尽きるまえのようなものだった」と言ったことがあった。

そんな稲尾の不安を打ち消してくれるような言葉を、ある日、思わぬ人から掛けられた。

「お前のスライダーは、キラッと光って、そのあと見えなくなる」

グラウンドですれ違い、挨拶を交わしたときにそういわれた。言ったのは、ライバル南海のチームリーダー、大沢昌芳(のち啓二、日本ハムなどで監督)だった。それは、稲尾にとって最上級の誉め言葉だった。疲れを感じることもあり、チームの状態も良くない。稲尾自身は勝ってはいるものの、他の投手たちは勝ったり負けたり、結果的には優勝争いから脱落してしまっていた。ともすれば萎えてしまいそうな気持ちを、奮い起こしてくれる、そんな一言でもあった。

古くからの野球ファンは聞いたことがあるかもしれないが、稲尾の得意なボールといえば「スライダー」といわれた。野村克也のように「お前の決め球はスライダーってよくいわれるけど、本当はシュートだよな」と見る人もいた。スライダーを意識させておいて内角シュートで仕留める。それこそが稲尾のピッチングだという見方だ。稲尾は肯定も否定もしなかった。

それもそのはずである。実は稲尾は、プロ入りして数年、スライダーもシュートも意識して投げることができなかったのである。カーブも十分に投げることができなかった。

「(三原の後に監督を務めた)川崎さんに『カーブの投げ方を教えてください』と言ったら、『お前、カーブも投げられんのか』と笑われた後、『ナンボ、出す?』と手のひらが出てきた」

つまり、教えてやるけれど、金(指導料)を出せ、ということである。そういわれて、教えてもらうことはあきらめた。

スライダーとシュートについては、「実はナチュラルシュート、ナチュラルスライダーというヤツだった」というように、右打者の内角に投げたらシュート、外角を狙って投げたらスライドしたというのだ。

「稲尾の割れるストレート」

チーム内ではそういわれていたのだという。

もちろん、巧みなコントロールと圧倒的な球威と球速があったので、十分に打者を圧倒することができ、白星を重ねることができた。自分自身が思うように、相手打者がそんなボールを嫌がってくれた。若いうちはそれでいいかもしれないが、分析、研究はされるし、このままではいけないと、稲尾自身は危機感を抱いていた。

数年前から本格的にスライダーを改良し、自分のものにできるように取り組んできた。

そう考えるようになってから三年。やっと手ごたえをつかみ始めたときに、大沢からそんな言葉を掛けられたのである。うれしくないはずがない。

もともとが「ナチュラル」な変化だった稲尾のスライダーは、大きく曲がるものではない。「ボール半個分」、稲尾はそういって表現した。いまの時代でいえば「カットボール」と呼ばれる類のボールだろう。「空振りさせるボールではない。バットの芯を外すことが目的だった」と稲尾は言った。

改良型のスライダー、稲尾が目的としたのはバットに触らせないスライダーだった。

まず、目標を変えた。外角のぎりぎりに構える捕手のミットを目がけて投げていれば、ボールがホームベースを通過するとき、ボール一個分、ストライクゾーンの甘いところを通る。だからといって、捕手に構える位置を変えてもらっては、そもそも相手チームからもわかりやすくなる。捕手にはこれまでどおり構えてもらって、稲尾はそのミットではなく、レガースの膝頭を目がけて投げるように変えた。すると捕手がボールを捕球する位置がボールゾーンになる。

そのうち、「稲尾のスライダーはほとんどボールなのでは……」という声が上がった。キャンプで、ブルペンでの練習中に審判が確認しに来たこともある。それまで、審判がキャンプ地巡りをすることはなかったわけだが、稲尾のスライダーのストライクゾーンを確認するために、西鉄のキャンプを訪れたことがキャンプ地巡りの始まりだという説もあるくらいだ。

もともと、稲尾のコントロールは抜群だった。審判がキャンプで確認してくれることを逆手にとって、いかにコントロールが良いかを審判に印象付けることに成功した。

ルール上は、ホームベースの一角をよぎればいいのである。スライダーとシュートが、いかにベースをよぎっているか、審判が来たときにあえて、そんなきわどい球を投げ続けた。ナチュラルスライダーだったものがしっかりと計算して曲がり、使えるボールとなった。

そうやって磨いてきたスライダーが武器となって、おもしろいように打者を打ち取れるようになった。

不思議なもので、開幕のころは疲れを感じて仕方がなかった身体が、調子の良さも相まって、まったくそんな不安を感じなくなっていた。

面白いように勝てる。他の投手たちが思うように勝ち星を上げられないなか、稲尾の白星だけが増えていった。

このころ、稲尾は不思議な体験をしたと後に語っている。幽体離脱ではないが、頭上にもう一人「稲尾和久」がいて、ピンチのたびにアドバイスをくれたのだ。空を見上げると、もう一人の稲尾が、打者の攻め方や試合の状況を的確に話してくれたのだ、と。

冷静になって打者を見ると、その打者の心理が手に取るようにわかった。打つ意思があるとき、ないとき。打ち気満々のとき、それぞれのタイミングが容易に読み取れた。

自由自在のコントロールが身に付いて、決め球に自信が持てて、そして打者心理はおもしろいようにわかる。もはや勝てないはずはなかった。

そんな稲尾が記録を意識したのは、杉浦が一九五九年に上げた38勝に手が届いたときだった。37勝で迎えた十月一日の阪急とのダブルヘッダー。すでにチームの優勝の可能性は消え、焦点は稲尾の勝利数だけが、ファンの楽しみだった。

ダブルヘッダーの第一試合に先発した稲尾は7回を終えて、10対2の大量リードを奪ったところで、リリーフにマウンドを託し降板。「38勝」を手にすると、続く第二試合でも勝ち投手となるチャンスでの登板に備えた。果たして1点リードの7回から登板、9回まで無失点に抑え切り、「39勝」を手にした。

一日で一気に、杉浦の持つパ・リーグ記録を抜いたのである。

パ・リーグの最多勝記録を抜いた以上、次に目指すのは「日本記録」だ。それもあと1勝。それというのも、当時の日本記録は「戦前のスタルヒンと野口二郎の40勝」ということになっていたからだ。

念には念を入れ、球団が連盟に問い合わせて、その数字を確認した。だから、タイ記録にはあと1勝、新記録にはあと2勝が目標となった。

十月七日の近鉄戦で同点の9回、手首の故障で苦しんでいた中西太がサヨナラ本塁打を放って、ついに40勝に到達した。

翌十月八日、稲尾は東映戦の先発のマウンドに上がり、苦しみながらも勝利投手に。ついに新記録となる「41勝」を手にした。

最多勝記録の更新を果たした稲尾だったが、当時、金田正一(国鉄)の持っていたシーズン最多奪三振記録が目前だったこともあり、十月十一日の阪急戦に登板。あとで大きな意味を持つことになる1勝(42勝)と、奪三振は、金田にあと一つと迫る、通算349奪三振を記録した。

奪三振記録の更新を目指して十月十五日の大毎戦に登板し、タイ記録は山内和弘から奪うと、その後、三つの三振を重ね、353個とした。1対1で同点のままマウンドを降りたが、最多勝に合わせて奪三振の二つの新記録を手にして、稲尾は満足、自ら降板を名乗り出たのだという。

翌日にあった最終戦は登板せず、のんびりと試合観戦をする余裕があった。

シーズン終了後の連盟表彰では、その二つの新記録の表彰を受けた。トロフィーと表彰状にも、しっかり「新記録」と書かれてあった。

ところが、年も押し迫った十二月の暮れから翌春にかけて、予想もしない動きが起こった。記録を見直したところ、スタルヒンの一九三九年の成績が「40勝」ではなく「42勝」ではないかと議論が巻き起こったのだ。

実際にいまのようにきっちりとした記録を残していた時代と違って、曖昧な部分が少なからずある時代。結局、翌シーズンの直前、三月三十日、当時の内村祐之コミッショナーが、「スタルヒンの42勝」を認めてしまった。そして稲尾の記録も「新記録」から「タイ記録」に変わってしまった。最終登板でも同点のまま降板した稲尾はそのとき、スタルヒンの記録が「42勝」と認められていれば、チームが勝ち越すまで投げ続けたであろう。そこでかなわなければ、翌日の試合に登板して「43勝」を目指していたはずだ。

だから後年、親しい人にはよく「先に言ってくれれば、もう一つくらいは勝てた」とこぼしたのだ。筆者も何度となく、その言葉を聞かされた。

人の好さでは他に類をみないほどだった稲尾を、悪くいう人はまずいない。当時の西鉄ライオンズの中心選手であった中西と豊田泰光の不仲は知る人ぞ知るところで、近しい人のあいだでは有名だったが、引退後、西鉄関連のイベントを開催する際に、稲尾氏が中心になって声掛けをすれば、だれも断れなかったと聞く。

「稲尾に頼まれたら、断れん」

これは、筆者が所属していた野球専門誌編集部で、豊田氏本人から何度となく聞いた一言だ。

そんな「大人《たいじん》」である稲尾氏が、ずっと悔しがっていたのだから、当時のコミッショナーは無粋な決定をしたものだと、いまも思うのである。

【稲尾和久投手：1961 年登板全記録】

<1961年>

登板	日時	勝敗	対戦相手	球場	投球内容	投球回	奪三振	被安打	失点	自責点
1	4/9	○	近鉄	小倉	完封	9	7	3	0	0
2	4/13	○	阪急	小倉	救援	5	2	4	0	0
3	4/18		東映	後楽園	救援	4	3	2	1	0
4	4/19	●	東映	後楽園	救援	3	2	3	2	1
5	4/22	○	南海	大阪	先発	7	5	8	3	1
6	4/23		南海	大阪	救援	4	3	3	0	0
7	4/23		南海	大阪	救援	0	0	0	0	0
8	4/27	○	大毎	平和台	先発完投	9	6	6	4	1
9	4/30	○	東映	平和台	救援	4	5	2	1	0
10	5/5	○	南海	平和台	先発	8	8	5	2	2
11	5/7	○	南海	平和台	救援	4	2	3	2	2
12	5/11	○	大毎	後楽園	先発完投	9	4	6	2	2
13	5/13		東映	後楽園	救援	1 1/3	3	3	1	1
14	5/14		東映	駒沢	救援	2	1	2	1	1
15	5/17	●	阪急	西宮	救援	1 2/3	1	2	3	3
16	5/17		阪急	西宮	先発完投	9	8	4	0	0
17	5/21	○	東映	沖縄奥武	先発完投	9	7	8	1	1
18	5/25	●	大毎	平和台	先発完投	9	5	7	4	4
19	5/30	○	大毎	後楽園	先発完投	9	12	8	2	1
20	6/3	○	南海	大阪	先発完封	9	12	5	0	0
21	6/6		近鉄	日生	救援	3	2	1	0	0
22	6/7	○	近鉄	日生	救援	3	5	1	0	0
23	6/10	○	南海	平和台	完封	9	7	5	0	0
24	6/11		南海	平和台	救援	4	3	3	0	0
25	6/14	○	阪急	平和台	先発完投	9	6	10	3	2
26	6/17	○	近鉄	平和台	救援	2	2	1	0	0
27	6/18		近鉄	平和台	救援	1/3	0	0	0	0
28	6/21	○	阪急	西宮	完封	9	4	4	0	0
29	6/21	○	阪急	西宮	救援	2/3	0	0	0	0
30	6/28	○	阪急	平和台	完封	9	7	4	0	0
31	6/30		大毎	平和台	救援	2	2	1	0	0
32	7/1	●	大毎	平和台	救援	3	3	7	3	3
33	7/2	○	大毎	平和台	先発完投	9	8	12	3	3
34	7/6	●	東映	平和台	救援	3	3	4	2	2

35	7/8		近鉄	日生	救援	4	7	1	0	0
36	7/9	○	近鉄	日生	救援	4	2	2	0	0
37	7/11	○	南海	大阪	救援	2	1	2	1	1
38	7/13	○	南海	大阪	先発完投	10	9	9	3	3
39	7/16	●	大毎	後楽園	先発	5 1/3	2	9	6	4
40	7/22		南海	平和台	救援	3	6	1	0	0
41	7/27		近鉄	平和台	救援	1	0	2	1	1
42	7/29	○	南海	大阪	完封	9	9	2	0	0
43	7/30	○	南海	大阪	救援	2 2/3	4	5	2	2
44	8/2	○	東映	駒沢	先発完投	9	7	13	6	6
45	8/6		近鉄	日生	救援	1 1/3	1	2	1	0
46	8/9	○	阪急	平和台	先発完投	9	9	6	2	2
47	8/12		大毎	平和台	救援	3	3	3	0	0
48	8/13	○	大毎	平和台	救援	6	5	4	3	1
49	8/15	●	南海	平和台	救援	5 1/3	6	6	2	2
50	8/17	●	南海	平和台	救援	3 2/3	6	2	2	2
51	8/22	○	阪急	西宮	救援	5 1/3	4	4	0	0
52	8/23	○	阪急	西宮	救援	4 1/3	8	2	0	0
53	8/24		阪急	救援	救援	1	1	0	0	0
54	8/26	○	大毎	後楽園	救援	3	5	2	0	0
55	8/27		大毎	後楽園	救援	3 1/3	6	1	0	0
56	8/27	○	大毎	後楽園	救援	2	0	1	0	0
57	8/30		近鉄	中日	救援	4 2/3	2	1	0	0
58	8/31		近鉄	日生	救援	3 1/3	4	4	2	2
59	9/3	○	大毎	平和台	先発完投	9	5	10	3	3
60	9/5	○	東映	平和台	救援	3 2/3	3	2	0	0
61	9/6	●	東映	平和台	救援	8 2/3	6	6	1	1
62	9/9	○	南海	平和台	先発完投	9	7	2	1	1
63	9/10	○	南海	平和台	救援	3 2/3	5	1	0	0
64	9/13		阪急	西宮	救援	1 1/3	1	1	0	0
65	9/13	○	阪急	西宮	先発完投	9	11	5	2	2
66	9/17	○	大毎	後楽園	先発完封	9	7	5	0	0
67	9/18	●	東映	駒沢	救援	1 1/3	2	3	2	2
68	9/20	●	東映	駒沢	先発完投	8	7	10	3	3
69	9/21	●	東映	駒沢	救援	3 2/3	7	3	1	1
70	9/24		南海	大阪	救援	3 1/3	2	4	0	0
71	9/27	○	近鉄	平和台	先発完投	9	4	7	2	1
72	10/1	○	阪急	平和台	先発	7	6	6	2	2

73	10/1	○	阪急	平和台	救援	3	1	1	0	0
74	10/4	●	近鉄	平和台	先発完投	9	5	10	2	2
75	10/7	○	近鉄	平和台	救援	2	2	0	0	0
76	10/8	○	東映	平和台	先発完投	9	9	9	2	1
77	10/11	○	阪急	神戸市民	救援	2	1	0	0	0
78	10/15	●	大毎	後楽園	先発	6	6	2	1	1

第三章　驚異的な勝率と短期間での勝ち星獲得　杉浦忠投手

プロ野球界では、今や20勝投手の誕生でさえ、珍しい時代だ。

昨年(二〇一八年)の沢村賞に輝いた菅野智之(巨人)は、各部門で圧倒的な数字を残してはいるが、勝ち星はというと、15勝にとどまっている。

日本球界で20勝を超えた投手はというと、いま、MLBニューヨーク・ヤンキースのエースとして活躍をしている田中将大投手が、アメリカにわたる前年(二〇一三年)に挙げた24勝が最後だ。

話はそれるが、この年の田中投手の投球は圧巻だった。

24勝、そして敗戦は「0」。つまり24連勝。プロ野球最多連敗記録は、本書で記した権藤正利投手(大洋―阪神など)だが、その真逆、連勝記録はこの田中将大に他ならない。前年からの勝利を加え28連勝。ポストシーズンでの2勝を加えた「30連勝」として、ギネスにも登録されている。

まだまだ現役で活躍している投手なので、あえて「アンタッチャブル」とは評さぬが、数年後、この連勝記録も、簡単に手の届かないアンタッチャブルな記録として、高い評価を受けることになるのは、間違いないと思う。

話を戻そう。

田中投手のそんな超人的な活躍、投球をして1シーズンに挙げた勝ち星は24である。そして、それ以後、日本球界に「20勝投手」は存在しない。それはいまの時代、一流投手の証しといわれる「シーズン20勝」を挙げることがどれほど難しいことかを証明しているともいえる。

そんな日本球界の現状を見ると信じられない思いだが、かつて、昭和三十年代までは20勝投手は当たりまえで、「鉄腕」稲尾和久投手（西鉄）に至っては「42勝」という、とてつもない勝ち星を1シーズンに上げているのである。

なお「30勝投手」は、日本プロ野球界ではのべ三十人いる。

多くの方がご存知のように、およそ半世紀ほどまえまでは、各チーム一人ないし二人のエース投手に、ペナントレースを預けていた。つまり、そもそも登板試合数が多い。

当時の1シーズンの試合数は130～140前後だが、最多が一九六一年に42勝を挙げた78試合。最少は一九五五年の大友工司（巨人）の42試合。稲尾の78試合は、長いあいだプロ野球記録だった。

しかし、二〇〇五年に、藤川球児（阪神）に抜かれた（現在は阪神・久保田の90試合）が、リリーフ専門として登板した藤川と、先発とリリーフに大車輪の登板を続けた稲尾を単純に試合数だけで比較

杉浦忠投手［イラスト・著者］

するのはいかがなものかという批判めいた言葉も出た。たしかにそうだろう。稲尾が投げたイニング数は404回、藤川は92・1回。稲尾の気持ちもわかろうというもの。

話を戻そう。

当たりまえではあるが、30勝を挙げる投手は、登板試合数は多い。勝つ試合も多いのだが、やはり、登板試合数が多い分だけ、敗戦も少なくはない。

30勝を複数回挙げたのは、稲尾(四回)と杉浦のほかは、スタルヒン(巨人ほか)、野口二郎(三回、大洋ほか)、権藤博(中日)、別所毅彦(巨人ほか)、杉下茂(中日)、金田正一(国鉄)の八投手がいるので、正確には、30勝投手になったのは、十九人しかいないのだが、そのなかで、負け数がひとケタにおさまった投手はといえば、四人しかいないのだ。

その四人は、試合数が最も少なく30勝に到達した大友、さらに二番目に少ない森弘太郎(阪急)、一九五七年の稲尾、そして一九五九年の杉浦で、最も少ないのが杉浦の「4敗」なのである。

38勝4敗
通算100勝到達スピード
日本シリーズ4連投4連勝

稲尾投手のエピソードは、前項で紹介したが、ここで紹介したいのは、その稲尾とライバルだった、南海ホークスのエース、杉浦忠投手が残した記録の数々だ。

昭和三十年代といえば、パ・リーグは、稲尾の西鉄ライオンズと杉浦の南海ホークスがしのぎを削っていた。

監督は、西鉄が三原脩、南海は鶴岡一人。ともに後世に名を遺す名監督とうたわれた二人である。選手も、西鉄には稲尾投手をはじめ、中西太、豊田泰光、仰木彬など多士済々。一方の南海も、杉浦投手のほかに、捕手で四番に野村克也、リードオフマンとして広瀬叔功らがいた。

のちに野球殿堂入りを果たす選手が多数いても、チームをリーグ優勝に導くには、なんといっても投手力。それも、一人で何勝も挙げ、「貯金」をたっぷりとつくってくれる投手がいてこそのペナントレース。それが昭和三十年代のパ・リーグ、特に前半はそういって間違いがなかった。

名監督の誉れ高い西鉄・三原、南海・鶴岡の二人は、特にそういう傾向が強かったといえなくもない。もちろん、それを実践できる投手がいたからだが。

エースへの依存度が高くなれば、登板数も当たりまえのように増える。

杉浦は入団した年（一九五八年）に27勝（11敗）を挙げて新人王に輝くが、この年の登板試合数は53試合。投球回数はといえば、２９９回を数えた。

一方の稲尾は、さすがに鉄腕とうたわれただけあって、杉浦を軽く上回る３７３回を投げているのだ。そして、二人が同じ試合で投げあったのが、この年は10試合。その対戦成績は、杉浦の3勝5敗（残りの勝敗は二人以外の投手についた）。改めていうまでもなく、二人の成績が拮抗しているのがわかる。

当の二人も、常に「優勝を争うチームのエース」として、互いに腕を競っていた。そして互いをリスペクトしていた。

杉浦、稲尾の両氏に、投球以外のエピソードをうかがったことがある。期せずして両氏から同じ話をしていただいた。

優勝争いのなか、同じ試合で投げあうことが多かった両投手は、それぞれ3アウトを奪い、その回の投球を終えると、両足で土をかき集め、自分の投球でできてしまった穴をきちんと埋めて、ダグアウトに戻ったというのだ。

昨今、日本のプロ野球で使用されるマウンドは、メジャー仕様に近づけるということで、スパイクの歯が簡単に立たない(刺さらない)球場が多いが、当時は砂と土を混ぜ合わせたスタイルが多く、球場によっては簡単に大きく深く穴が開いてしまうところもあった。

身長が異なり、投げ方も違うと、足幅、歩幅も投手によって違ってくる。なかには、一歩測程度違うようなこともある。どちらかというと、腰を高い位置に保ち、上から投げ下ろす投球フォームの稲尾と、アンダースローで軸足である右足の膝から下はマウンドに着くこともあった杉浦とでは、一足分近くの差はあったはずだ。

お互いの足で掘れた穴が、杉浦は稲尾の、稲尾は杉浦の、投球の迷惑にならないよう、イニング毎に掘れた穴を埋めて、ダグアウトに引き上げていたというのだ。互いのエースとしての矜持と敬意がそこにはあった。

杉浦は「それでもオレはときどき、カーッとなって埋め忘れたりしたことがあったんだけれど、稲尾は決して忘れることはなかった。そんなことだけでも、稲尾のほうに、投球だけでなく、余裕があったんじゃないかと思う」と、謙遜していたことを思い出す。

優勝争いを繰り広げながら、杉浦が所属した南海ホークスは、杉浦のルーキーイヤーの昭和三十三年まで西鉄ライオンズの後塵を拝し、三年続けてパ・リーグの二位に甘んじていた。鶴岡一人監督の思いを痛いほど感じていた杉浦は、ライバルでもある稲尾のように、いやそれ以上に優勝への執念を燃やし、投手としては、稲尾以上の成績を残すことを心に誓う。

「稲尾以上の成績」

それは、数字の上でも稲尾を上回るということでもある。

その年まで稲尾の最高成績は、昭和三十二年に挙げた35勝(6敗)。まず、目標はここに置いた。

開幕から杉浦はほぼ、登板した試合で勝ちまくった。かと思いきや、別表を見てもらえればわかるが、四月は7試合に登板して3勝。それほど特筆すべき成績ではない。五月も4勝1敗。もちろん、素晴らしい成績ではあるが、この時点では「38勝」を予想させる数字にはなっていない。

六月は7試合に先発し、6試合で救援登板。ほぼ二日に1試合のペースでの登板で、6勝1敗だが、失点している試合も多く、まだまだ万全の態勢とは言い難い。

杉浦の投球が、目に見えて変わってくるのは七月に入ってからだった。五日の大毎戦こそ、3失点で敗戦投手となっているが、十二日のライバル西鉄戦で完投勝利を収めて以後は、この一戦を含めて8連勝。この間、失点はわずかに2点。オールスター戦を前にシーズン21勝（3敗）とした。

エースの熱投に野手陣も応え、野村、広瀬のみならず、杉山光平や穴吹義雄、岡本伊三美らの打者が奮起。南海はすでに五月には独走態勢を築き上げていたのだが、実はこの年のライバルは、憎き西鉄ではなく、山内和弘、榎本喜八らを軸に、強力打線で勝ち星を重ねた大毎オリオンズだった。

杉浦が調子を上げてきた七月以降、大毎も勝ち星を重ね、猛追。一度は南海と首位戦線で並ぶほどだった。ここからが杉浦の真骨頂。八月を6勝、九月は9勝。九月は、失点はわずかに2に抑え、優勝へ導いた。

かくして、ペナントレースの成績は69試合に登板して38勝4敗。防御率1・40。9完封というとてつもない成績。ちなみにこの年の南海は、134試合で88勝42敗4分けで、二位の大毎とは6ゲーム差だった。杉浦の成績を除いて計算してみると、勝率は・568。二位の大毎の勝率は・631なので、机上の計算では、大毎が優勝を果たしていただろうと思われる。

すごい杉浦、その表情は

表情は、いつも変わらぬポーカーフェイス。眼鏡をかけていることもあって、どこか哲学者風、ユニフォームを着ていなければ、野球選手とは思えない、とよく言われていた。

しかし、その実、内に秘めた闘志、思いは強いものがあったと、当時の杉浦を知る者はいう。

チームメイトの広瀬叔功は当時を振り返って、「スギやんの投球には鬼気迫るものがあった。近づくのが怖いほどだった」と言っていたが、一方で、ひとたびグラウンドを離れると、酒を好み、広瀬、野村と夜の街を連れだってよく飲み歩いた。

テスト生上がりの野村と広瀬、東京六大学の立教大学のエースとして、大きな期待を背負って入団してきた杉浦。経歴だけを見ると、いかにも反りあわぬように思えるが、「南海の三悪人と呼ばれたくらい仲が良く、酒の席とはいえ、悪いこともやった」と広瀬は振り返る。

南海の黄金期を支えた三人は、グラウンド内でもグラウンドから離れても、一緒に行動することが多かった。

杉浦の南海入団は、立大時代に同僚として活躍した長嶋茂雄(巨人)とのセット、これがもともとの始まりだった。立大の先輩でもある大沢昌芳(のち啓二、日本ハムなどで監督)が、鶴岡監督からの指示を受け、長嶋と杉浦、二人の獲得を目指して、俗にいわれる「栄養費」、お小遣いを定期的に渡していたこともあって、二人の南海入りは確実と見られていた。

しかし、四年生の秋になって長嶋が翻意。ご存知のとおり、読売巨人軍へ入団したのだ。

長嶋の翻意に、「まさか杉浦も?」と不安になった鶴岡に、杉浦は「心配ですか? ぼくがそんな男に見えますか」と伝え、笑顔で鶴岡を安心させたという。

文字どおり南海入りを証明するかのように、杉浦の部屋のカーテンなどは、すべて「緑」で統一されていたという。グリーンは南海ホークスのチームカラー。そんな義理堅さもあって、杉浦本人よりも、鶴岡監督のほうが杉浦に心酔していたのかもしれない。絶大な信頼を杉浦の右腕に寄せていたのだ。

日本シリーズの記録に残る快投

ペナントレースでの杉浦投手がいかにすごかったのかはわかっていただけたと思うが、本当の意味で「アンタッチャブル」な投球は、ペナントレースを制した後、日本シリーズでの投球だ。

リーグ優勝を果たしても、再三にわたって巨人に屈し、二リーグ制以後、「日本一」についていないことは前記したとおりだが、この年、鶴岡監督は、杉浦忠というスーパー投手を得たことで、日本一のチャンスが目前にあることを当然ながら感じていた。

ペナントレースの最終登板をしたのが十月二十日。中三日おいて始まった、巨人との日本シリーズで、あたりまえのように杉浦は先発のマウンドに上がった。

初回から打線が爆発し、巨人・義原投手から5点を奪った南海は、以後も着々と得点を重ね、優位に試合を展開。杉浦は6回1点、7回に2点を失ったが、8回3失点でマウンドを降り、勝利投手。

ところが、杉浦は「7回に指のマメをつぶした」と、先行き不安なひと言を残している。

翌日の第二戦は、4点のリードを奪った三番手として登板。3回を1失点で勝利投手となり、2勝目。指の不安は感じさせない投球だった。

移動日をはさんで第三戦にも杉浦は先発。1点リードの9回裏に同点を許し、さらにサヨナラ負けのピンチを招いたが、センター大沢の好守でピンチをしのぎ、10回表の勝ち越し点を手に投げ切り、3勝目を挙げた。

ここまで3連投3連勝。

日本シリーズで4勝を挙げた投手は過去に杉下茂(中日)、稲尾和久(西鉄)といるにはいるが、いずれも第七戦まで行って残した記録で、4連投4勝の投手はいない。

第四戦に杉浦が登板するかがひとつの注目点ともなっていた。

鶴岡監督も迷ったに違いない。第三戦では10回を投げ、142球を投じている。絶大な信頼を寄せている杉浦ではあるが、その第三戦では9回にサヨナラ負けのピンチを招くなど、疲れの色も見られる。他の投手を先発させ、勝てるとなったら杉浦、とイメージして床に就いたという。

ところが、そんな鶴岡を天が味方する。第四戦が雨で「中止、順延」となったのだ。

中一日空いた杉浦を、第四戦での先発に決めることができたのも雨のおかげ。杉浦は、あたりまえのように一日おいた第四戦、後楽園球場の先発マウンドに上がった。

そして杉浦はここで、シリーズ最高の投球を見せた。なんと、巨人打線を5安打散発に抑え、完封勝利を手にしたのだ。四試合のうち、先発が三試合、二試合完投で、うち一試合は完封。32投球回で失点6の自責点5。そして4勝。文句なしのMVPに輝いた。

日本シリーズが行われるようになって七十年の歴史を数えようとするが、これまで、シリーズ四戦で、４連投４連勝を果たした投手は他にはいない。まさにアンタッチャブルな成績だ。今後、４連投４連勝の投手が出てくる可能性を問われれば、数字の上だけでいえば、なくはない。たとえば、リリーフ専門投手が、展開に恵まれて四試合続けてマウンドに上がり、勝利投手を手にする機会もあるかもしれない。しかし、その確率といえば、限りなく「０」に近い。さらに、そのうち二試合が完投勝利ということになれば、もはや手の届かない領域といっても間違いあるまい。

杉浦は、疲労困憊の様子を見せ、記者団に囲まれて「一人になったらうれしさがこみあげてくるでしょう」といったらしいが、その杉浦の疲労困憊のたたずまいや、鶴岡監督率いる南海の初の日本一という悲願を達成したこともあって、いつのまにか「一人になって泣きたい」と杉浦が口にしたということになった。

このあたりは江夏豊が、オールスターゲームで９連続奪三振を達成したとき、加藤秀司(阪急)が三塁ベンチ前にフライを打ち上げた際、捕手の田淵に向かって「捕るな！」と叫んだと伝えられたことと似ている。江夏がそのとき叫んだのは「捕るな！」ではなく、「追うな！」である。打った瞬間にファウルとわかったから、それを追って無駄な時間をとられるよりも、早く次の一球を投げたかったのだという。

それが、「捕るな！」と記者には聞こえた。そして、そのセリフが一人歩きしてひろまった。そういうことはよくある。

杉浦の場合、監督の悲願を背負っていたこともあって、日本一を達成したとき、鶴岡監督同様、男泣きをしたのではないかと思われたのは間違いない。

杉浦と鶴岡監督の関係は特別だ。

立大同僚の長嶋が南海入りを翻意して、巨人に入団したときに、杉浦が鶴岡との約束を守ったという話は前記したとおりだが、当時のチームメイトの多くが、その強い絆を二人のあいだに感じていた。

広瀬は「スギやんに、鶴岡監督に褒められたことあるかと聞いたら、『ないな』と笑っていた。しかし、だれが見てもわかるくらいに、スギやんは鶴岡監督に心酔していたし、鶴岡監督は杉浦を信頼していた。逆にいうと言葉はいらなかったのかもしれない。それほど強い絆があったんだと思う」と述懐していた。

鶴岡にとって「悲願の日本一」、それも宿敵巨人を倒しての日本一という最高の結果に導いてくれたのは杉浦に他ならない。涙の御堂筋パレードという一世一代の晴れ舞台をつくってくれた杉浦に、口には出さぬとも、心のなかでは感謝し続けていたことだろう。また杉浦も、自分をエースとして信頼してくれて、マウンドに送り出してくれた鶴岡に対して大きな感謝の気持ちを持っていたのである。

この年、杉浦は、ペナントレースの最終盤にあって、連続イニング無失点のパ・リーグ記録を達成している。

前年、金田正一（国鉄）が64回1／3連続無失点の日本記録をつくっているので、杉浦の記録はパ・リーグ記録に終わっており、その意味においてはまったく「アンタッチャブル」な記録ではないわけだが、杉浦の残した54回2／3連続無失点の記録を見直すと、記録が始まった九月二十日の東映戦の前に、十三日の西鉄戦、十五日の近鉄戦でそれぞれ1点ずつを失っているが、その前の登板、九月九日の阪急戦まで、なんと43回連続無失点を記録している。合計では１０００回にも及ぶ連続無失点記録が達成されていたかもしれないと思うと、残念ともいえよう。

いずれにしても、金田と杉浦の記録はいまもセ・リーグとパ・リーグの記録として残っており、記録を作って以後、六十年を超えるプロ野球界の歴史のなかでいまも残っているということは、まさに「アンタッチャブル」な記録といわざるを得ない。

杉浦はもうひとつ、誰にも手が届きそうもない記録を残している。それは通算１００勝の到達スピードである。

ルーキーだった一九五八年に27勝、二年目が38勝、そして三年目には31勝を挙げた。入団から三年間で96勝を挙げている。１００勝まで残り４勝。

一九六一年シーズンも順調に白星を重ね、３勝を積み重ねた。そして五月六日、ライバルの西鉄を相手に勝利をおさめ４勝、通算１００勝を達成した。

プロ入り後三年一カ月、１８８試合登板での通算１００勝は史上最速、そしてこれはいまもって破られていない。おそらく今後も破られることはないだろう。杉浦が記録した、もうひとつの「アンタッチャブル」な記録である。

杉浦とバッテリーを組んだ野村克也は「対戦したなかで、誰がすごかったかと聞かれたら稲尾和久だが、最高のピッチャーが誰かと聞かれたら杉浦だ。右打者の背中から曲がってくるカーブ、そして、受けていて明らかに浮き上がってきたストレート。あれ以上にすごいボールは見たことがない」と、のちにインタビューで答えている。

しかし杉浦はこの年、連投の影響か、右腕の血行障害(動脈閉塞)を起こし、20勝を挙げた後、チームを離脱し、手術を受けた。その後、カムバックを果たしたものの、数々の記録をつくった投球を取り戻すことはできず、一九六四年こそ20勝を挙げたものの、その後は二桁勝利を挙げることもできなかった。長いイニングを投げることが難しくなり、リリーバーとして抑えにまわったことも白星を重ねられなかった理由のひとつである。

当時は、抑え投手に与えるセーブ制度はなく、数字によって杉浦の抑え投手としての成績は紹介できないのだが、杉浦本人が「ぼくが抑え投手としての元祖。リリーフ成功率は高かった。前の投手が残した走者を返したことはなかったと思う」というほどである。

結局、通算勝利は「187」で現役生活を終えている。

金田正一、長嶋茂雄、王貞治らが中心となって創設した「名球会」は、通算200勝が基準となっているので、入ることはできなかった。しかし、その投球のすさまじさは、のちの選手たちにとっても語り草だ。

名球会についていえば、落合博満は資格を有しているが、名球会入りを断っている。その理由のひとつが「杉浦さんのような大投手が入れない名球会では入る価値がない」といわれている。

杉浦は二〇〇一年十一月十一日、開催されていたマスターズリーグの試合が北海道で行われる予定で、札幌に滞在中のホテルで心筋梗塞を起こし、浴室で死去。六十六歳だった。

【杉浦 忠投手：1959 年登板全記録】

<1959年>

登板	日時	勝敗	対戦相手	球場	投球内容	投球回	奪三振	被安打	失点	自責点
01	4/10	○	大毎	大阪	先発	7	3	7	4	4
02	4/13	○	大毎	大阪	完了	2	1	1	1	1
03	4/15		近鉄	大阪	完了	2	1	2	0	0
04	4/18		大毎	後楽園	先発	1 1/3	1	5	3	3
05	4/22		東映	大阪	先発	3	3	6	5	3
06	4/26		阪急	西宮	完了	4	0	0	0	0
07	4/28	○	近鉄	日生	先発	6	8	7	3	3
08	5/3	○	阪急	大阪	完了	2	1	0	0	0
09	5/10	○	東映	駒沢	完封	9	13	2	0	0
10	5/13		西鉄	大阪	完了	6	7	4	1	1
11	5/14		西鉄	大阪	完了	3 2/3	4	2	1	1
12	5/17	○	東映	大阪	完封	9	7	3	0	0
13	5/20		近鉄	大阪	完了	2 2/3	5	0	0	0
14	5/21		近鉄	大阪	完了	3 2/3	1	1	0	0
15	5/27	●	西鉄	平和台	先発	6	7	7	3	3
16	5/30	○	阪急	大阪	先発	7	3	3	0	0
17	6/3		東映	駒沢	完投	7	5	3	1	1
18	6/4		東映	駒沢	救援	2/3	1	0	0	0
19	6/6	○	西鉄	大阪	完投	9	11	8	1	1
20	6/7		西鉄	大阪	完了	4	4	3	2	2
21	6/11	○	阪急	西宮	完投	9	8	6	1	1
22	6/13		大毎	大阪	完了	1 2/3	2	1	0	0
23	6/14		大毎	大阪	先発	7	7	2	2	2
24	6/17	○	近鉄	日生	完了	5 2/3	7	5	1	1
25	6/20	○	東映	大阪	完投	11	6	8	1	1
26	6/24	●	近鉄	大阪	先発	8	7	6	2	2
27	6/27	○	西鉄	平和台	完了	3 1/3	2	1	0	0
28	6/28	○	西鉄	平和台	完投	9	12	2	2	2
29	6/30	阪急	大阪	完了	2	3	0	0	0	
30	7/4		大毎	大阪	先発	4	3	3	3	3
31	7/5	●	大毎	大阪	救援	1/3	1	4	3	1
32	7/8		東映	駒沢	先発	4	2	8	4	2
33	7/12	○	西鉄	大阪	完投	9	6	7	2	2
34	7/14	○	大毎	後楽園	完了	4 1/3	4	0	0	0

35	7/16	○	大毎	後楽園	完投	9	5	7	1	1
36	7/19	○	阪急	西宮	完投	9	4	6	1	1
37	7/21	○	近鉄	日生	完了	4	5	0	0	0
38	7/22	○	近鉄	日生	完了	3	3	1	0	0
39	7/23		近鉄	日生	完了	2	4	1	0	0
40	7/25	○	阪急	西宮	完了	3	5	0	0	0
41	7/26	○	阪急	西宮	完封	9	2	7	0	0

……<オールスターゲーム>……

登板	日時	勝敗	対戦相手	球場	投球内容	投球回	奪三振	被安打	失点	自責点
42	8/1	○	西鉄	大阪	完投	9	13	9	4	3
43	8/4		大毎	大阪	先発	13	8	7	1	0
44	8/9	○	阪急	大阪	先発	6	3	10	3	3
45	8/11	○	近鉄	大阪	救援	3 1/3	2	1	0	0
46	8/15		西鉄	平和台	完了	2/3	0	0	0	0
47	8/16		西鉄	平和台	完投	9	10	8	2	2
48	8/16		西鉄	平和台	完了	1	0	1	0	0
49	8/19	○	東映	大阪	完封	9	11	2	0	0
50	8/22	●	大毎	夕張鹿谷	先発	5 1/3	6	6	6	6
51	8/23		大毎	札幌円山	救援	4	3	5	1	1
52	8/26	○	東映	駒沢	完封	9	6	7	0	0
53	8/27		東映	駒沢	完了	4	2	2	1	1
54	8/29	○	近鉄	日生	完了	6	3	2	0	0
55	9/1	○	西鉄	大阪	救援	5	8	2	0	0
56	9/2	○	西鉄	大阪	完了	5	8	2	0	0
57	9/6	○	近鉄	大阪	先発	6	4	2	0	0
58	9/6		近鉄	大阪	完了	2	2	0	0	0
59	9/9	○	阪急	大阪	完封	9	9	3	0	0
60	9/13		西鉄	平和台	救援	2	2	1	1	1
61	9/15	○	近鉄	日生	先発	5	4	6	1	1
62	9/20	○	東映	駒沢	先発	7	10	4	0	0
63	9/23	○	阪急	西宮	完封	9	8	5	0	0
64	9/27	○	大毎	大阪	完封	9	9	8	0	0
65	9/29	○	東映	大阪	完了	6 1/3	6	5	0	0
66	10/3	○	大毎	後楽園	完封	9	4	7	0	0
67	10/4	○	大毎	後楽園	完了	5	4	3	0	0
68	10/11		西鉄	小倉	救援	4 1/3	7	0	0	0
69	10/20		大毎	大阪	救援	2	0	1	0	0
計						371・1/3	336	245	67	58

【日本シリーズ】

登板	日時	勝敗	対戦相手	球場	投球内容	投球回	奪三振	被安打	失点	自責点
第1戦	10/24	○	巨人	大阪	先発	8	4	9	3	3
第2戦	10/25	○	巨人	大阪	完了	5	5	3	1	1
第3戦	10/27	○	巨人	後楽園	完投	10	6	10	2	1
第4戦	10/29	○	巨人	後楽園	完封	9	6	6	0	0

第四章　連敗世界記録　権藤正利投手

プロ野球ファンのみなさんは、「権藤《ごんどう》」の名前を聞くと、誰のことを思い出すだろうか。

やはり、「権藤、権藤、雨、権藤……」でおなじみ、横浜ベイスターズの監督時代はチームを日本一に導いた権藤博投手（中日）だろう。たしかに、現役時代の権藤博はすごい。

ノンプロ（社会人野球のことを当時はこう呼んでいた。ご存知の方も少なくなった）のブリヂストンタイヤから入団し、来る日も来る日もマウンドに上がった。ひたすら投げ続けた35勝（19敗）を挙げ新人王を獲得した一九六一年（昭和三十六年）は結局、一年間で69試合に登板し、４２９回１／３を投げた。このシーズン４２９回１／３投球回は、日本プロ野球の二リーグ分立以後の最多記録。

いまの時代、この記録も十分に「アンタッチャブル」な数字ではある。

プロ野球がいまのスタイルのまま続くのだとしたら、おそらく今後、誰にも破られることはないのではないかと思われる。

濃人渉監督のもと、毎日のようにマウンドに送り込まれた権藤投手。当の本人は「マウンドに上がれることがうれしかった」と言うには言う。新人投手でもあり、憧れたプロのマウンドに上がり続けた喜びは確かにあっただろう。

その権藤は、二年目の一九六二年（昭和三十七年）にも30勝（17敗）を挙げた。

ただ、その二年間の酷使がたたって右肩を痛め、翌年以降はマウンドに上がるのもままならず、野手に転向して、デビューから六年後、短いプロ生活を終えた。肩を痛めて思うように投げられなくなってからは、反省や後悔があったに違いない。

日本野球界でエースを酷使する起用法は当時、どこの球団にもあったことだが、その流れを変えたのは、昭和五十年代に入った後の中日ドラゴンズといわれる。その中日で投手コーチとして手腕を発揮したのは権藤博だった。

自身の経験に基づいて、投げすぎ、酷使をやめて、かねてより「投手分業制」を訴えていた近藤貞雄監督と二人三脚で、その「分業制」を推進した。「投手の肩は消耗品」と訴え、酷使によって肩や肘を痛め、早々とプレーを断念せざるを得なくなった自分自身のような投手を出さないよう努めたのだ。

ちなみに、権藤博が投げまくっていたときの中日の投手コーチが近藤貞雄。つまり、二人の反省と後悔ゆえに推進された「分業制」だったといって間違いないだろう。

権藤を語るうえで最も有名な、あの「権藤、権藤、雨、権藤……」のフレーズは、野球解説を務

権藤正利投手

めていた元・国鉄監督の宇野光雄がベンチで、新聞記者を相手に中日のローテーションを確認したときに口ずさむように発したフレーズが、語呂も良く覚えやすく、一気に広まったといわれている。

おまけのおまけ。伝えられるところでは「権藤、権藤、雨、権藤」のあと「雨、雨、権藤、雨、権藤」と続くと言われているのだが、真実は定かではない。そもそも、ベンチで宇野氏のつぶやきが、本当だったのか、それも定かではない。少なくとも、ルーキーイヤーの権藤博の投球は、それだけで十分「アンタッチャブル」な記録としての価値はあると思うのだが、ここで紹介するのは「アナザー権藤」、もう一人の権藤なのである。

結果的に「短命」に終わってしまった権藤博とは対照的に、プロ野球現役生活を二十年も送り、三十八歳まで第一線で投げ続けたもう一人の、「アンタッチャブル」な記録を持つ「権藤」が日本プロ野球界にはいるのである。それが「権藤正利」、アンタッチャブルな「世界記録」の持ち主である。

では、どんな「世界記録」なのだろうか。「意外」といわれるかもしれない。この世界記録は一見すると「誇れる」ものではないかもしれないが、一方で、考えようによっては、権藤が素晴らしい選手であったことを証明しているものとも思う。

その「世界記録」の話のまえに、権藤がどんな投手だったのか紹介しなければならない。

一九三四年(昭和九年)生まれ、佐賀県出身のサウスポー。高校は福岡・柳川商高。その体は極めて華奢で、スタミナには不安を感じさせたが、タテに落ちる大きく鋭いカーブ(当時はドロップと呼ばれた）を武器に、春夏の甲子園大会には出場できなかったものの、九州地方では有名な投手の一人だった。

江夏豊の章でも紹介したが、権藤は幼少期に竹トンボづくりで指を傷つけ、左手の中指が少しばかり曲がったままで、それが逆にカーブを投げるのに有効で、大きな変化を生み、武器になったといわれている。

そんな注目の存在だった権藤は、プロ入りに際して、数球団からの誘いを受けたが、選んだ球団は洋松ロビンス。二リーグ分立後、初年度のセ・リーグ優勝を果たした松竹ロビンスと大洋ホエールズが合併して「洋松」。ニックネームは松竹が使用していた「ロビンス」が採用された。こんなところにも「合併」とはいえ、松竹のほうに優位があった合併だったということができる。

洋松に入団した権藤は、そのドロップを武器に一年目から大活躍する。15勝（12敗）を挙げて、セ・リーグの新人王に輝いた。

前途洋々に思われた権藤のプロ生活だが、二年目のオフには松竹が球団経営から離れることになり、球団名はもともと合併前の大洋が名乗っていた「大洋ホエールズ」に変わる。

そんななか、選手補強はままならず、有力選手が集まらず、球団は低迷を続けた。権藤は二年目もチームの中心選手として働いたが、11勝20敗と大きく負け越してしまった。

ただ、負け越したとはいっても決して権藤の調子が悪かったわけではない。二年目のジンクスに陥ったというわけでもない。防御率2・83はリーグ七位、222個の奪三振もリーグ三位だ。

ではなぜ勝てなかったのか。それは、チームが本当に弱かったからなのである。

一九五四年の洋松は32勝96敗2分けで勝率は・250。「フォークボールの神様」杉下茂投手を擁してセ・リーグ初制覇、パ・リーグの覇者、西鉄ライオンズも下して日本一に輝いた中日ドラゴンズとは55ゲーム差をつけられ、五位の国鉄スワローズ(現・東京ヤクルト)からも23ゲーム差の、ダントツの最下位だったのである。

チーム打率、得点はリーグ最低。チーム防御率、失点もリーグ最低。打線の援護もなく、拙守も続いた。そのなかで権藤は大健闘の投球といってよかった。

その権藤が「地獄を見た」のは三年目の一九五五年からだ。「洋松ロビンス」から「大洋ホエールズ」に変わった年でもある。チーム名は変わっても、チーム力はといえばほとんど変わることはなく、相変わらず弱い。結果からいうと、二年連続の最下位、それも二年連続してダントツの最下位。優勝した巨人とのゲーム差は、前年の中日との差を大きく上回る61・5。五位の国鉄からも27ゲーム差。チーム打率は、リーグ全体が「打低」の時代だったとはいえ、わずか・209だ。近年、どこかの球団の捕手がリーグ最低打率で、なんやかんやとかまびすしいが、単純にいえばチーム全体でその程度の打率しか残せていないわけで、貧打もここに極まれり、という感じだろうか。

前年は、チームの貧打、拙守に負けず懸命に力投を続けた権藤だったが、三年目のこの年は持ちこたえることができなかった。すっかり勝てなくなってしまったのだ。

開幕からとんとんと2勝したが、その後は負け続ける。連敗は、あっという間に「11」まで延びた。それでも、七月六日の国鉄戦（後楽園）で6回2／3を無失点に抑える好リリーフで勝利投手となり、久々に初勝利を挙げる。連敗を11でストップさせた。長いトンネルを抜け、これで本来の権藤の投球が戻ってくるかと思われたのだが、権藤の本当の地獄の日々はここから始まった。

勝利の三日後、七月九日の広島戦（熊谷市営）の7回からリリーフでマウンドに上がった権藤は、連打を浴びて敗戦投手となる。翌日の広島戦（美原公園）でも同点の9回からマウンドに。3イニングを無失点に抑えたものの、4イニング目の延長12回表に決勝点を奪われ連敗。またも長いトンネルに入り込んでしまったのだ。

そう、権藤正利が持つ「世界記録」が何かというと、プロ野球投手の「連敗記録」なのである。この後、七月だけで、十七日の広島戦、二十三日の巨人戦、二十六日の国鉄戦でも敗戦投手となり5連敗。八月に入っても流れは変わらず、十日の巨人戦、二十日の国鉄戦で敗戦投手。九月十日の阪神戦でも敗戦投手となり、シーズン終了。8連敗で三年目のシーズンを終えた。

チームが弱かったことは前記したとおりだが、権藤の、この8連敗のうち、自責点がわずかに「1」で敗戦投手となった試合が5試合もある。打線が、もう少し点を取ることができれば十分に挽回可能な試合があったとみることもできる。もちろん、これらの試合は責任投手として「敗戦投手」となった試合だけで、（当然だが）勝ちも負けもつかなった試合もある。権藤は勝てないなかでも懸命に投げ続けていた。

「点を取られなければ、負けることはない」とよくエース級の投手はいったけれど、確かにそうなのだが、「失点1」くらいは、投手の責任でないくらいのことはみんな思っている。

そんなわずかな失点で敗戦投手となった試合が5試合もあるのだから、運の悪さを恨むくらいのことしかできないだろう。そんな投球内容だからこそ、権藤は負け続けてもマウンドに立ち続けたのだ。つまり、どんなに負けても、監督やコーチら首脳陣からの信頼は、少しも揺るいでいなかったことがわかる。本当にダメと思った投手を使うか、ということだ。勝てないことが不思議と思うほどに好投を続けていた権藤だったからこそ、首脳陣は使い続けたのである。

江夏は、のちに阪神でチームメイトになる権藤と親しい仲でもあった。最後に紹介するが、権藤が現役時代の最後にしでかした「アンタッチャブルな行為」の一端を担った関係でもあるのだが、その江夏をして、「たくさん勝つことはすごいこと。それは当たりまえ。でも、負け続けてもこれだけ試合に出たということが、権藤さんの高い実力を証明しているのではないか」と言わしめる。

実は江夏が阪神に入団した年、権藤はセ・リーグの最優秀防御率のタイトルを獲得している。当時の阪神の投手陣はといえば、ミスター・タイガースの村山実、さらにクネクネとした投球フォームが特徴のG・バッキーの二枚看板。そこに江夏が加わり、投手王国が築かれつつあったころだ。そのなかで、権藤は防御率一位の数字を残したわけで、それだけでも実力の一端を見ることができるだろう。

話を三年目の権藤の投球に戻す。

この年の権藤の成績は3勝21敗。開幕直後に上げた2勝と、連敗を一旦は止めた1勝を加えて3

勝。あとはずっと負けた。ひたすら、負け続けた。

結局、8連敗のまま、シーズンオフを迎えたのだ。このころの新聞を拾い読みしてみると、「もうずっと勝てないような気がする」などという、権藤の弱気なコメントがあった。

そして四年目。この年も開幕を先発ローテーション投手として迎えた。

初登板となった三月二十二日の中日戦は、8回1／3を投げ、被安打6、3失点。3失点はいずれも自責点ではあったが、3対2で敗戦投手に。これで9連敗。

三月二十七日の巨人戦は打ち込まれて7対1で敗れ、ついに二桁連敗。その七日後、四月三日の巨人戦ダブルヘッダー第二試合では7回を投げ自責点2と好投したものの、チームが1点しか取れず、ここも敗戦投手。ついに前年記録した11連敗の自己ワースト記録に並んでしまった。

四月七日の広島戦は、5回を投げ4失点を許したものの、味方打線が少しだけ頑張って、負けを帳消しにしてくれた。十一日の阪神戦ではリリーフのマウンドに上がり、3回を無失点に抑えたものの勝ち星はつかず。好投の勢いもあってか、連投で翌十二日の阪神戦（川崎）の先発マウンドに上がったが、結果からいうと権藤の悲運を物語るような一戦となった。

先発した権藤は持ち前のカーブを駆使して好投した。8回を投げて7被安打1失点。その1失点も味方のエラーが絡んだもので自責点は0。しっかり責任を果たした。

しかし、大洋打線は、阪神の藤村隆男投手（初代ミスター阪神・藤村富美男選手の弟）のまえに、わずか2安打に抑えられ無得点。1対0、しかも自責点は「0」で敗戦投手、自己ワーストの12連敗を喫してしまったのだ。

連敗の「自己記録更新」が、この運の無さを象徴するような内容。こうなると、権藤にできることはなくなる。とにかく相手打線を完封するほかは、勝てる姿は見えてこないだろう。

でも……そのあともまったく勝てなかった。

四月十五日の国鉄戦は先発して5回を投げ、2失点（自責1）に抑えるも勝ち負けはつかず。開幕から踏ん張ってきたその体を疲労が襲う。

中三日、四月十九日の中日戦、中二日で二十二日の国鉄戦、中六日で二十九日の巨人戦と四月の残り三戦は三連敗。内容も、中日戦は6回5失点（自責3）、国鉄戦が6回2／3で3失点（自責3）、巨人戦は4回で5失点（自責4）と、踏ん張りも聞かなくなってきた。

結局、四月だけで5連敗を喫してしまった。三月中の2敗を含め、これで7連敗である。しかし、この間、二十九日の巨人戦を除いて、いずれも6イニング以上を投げ、自責点はすべて3点以内に抑えている。つまり、昨今、メジャー・リーグや日本のプロ野球界で先発投手の基準の一つの目安となっている「クオリティ・スタート（先発して6回以上を投げ失点を3点以内に抑える）」をほぼクリアしている。打線が活発なチームならば権藤が連敗に苦しむことはなかっただろう。

五月三日の阪神戦で8回を投げ3失点。しかし、味方打線は1点に抑えられ敗戦投手。これで16連敗。二十日には再び阪神戦で7回を投げて5安打3失点に抑えたが、相変わらず貧打の味方打線は無得点で、3対0の敗戦投手となってしまった。

このころ権藤は「もう二度と勝てないのではないか」と思い、悩み込んでいたという。それもそうだろう。投げても投げても勝てないのだ。しかも、連打をくらって失点を喫したのではなく、好投を重ねながらも勝てない。いくら考えても、自分ができることはたいていやっている。

実は権藤が記録するまえまでの日本プロ野球における連敗記録は18連敗。タイ記録にリーチをかけた状態でマウンドに上がり続けたが、ついに六月十日の広島戦(下関)でワースト記録に並んでしまった。この試合もまた6回を自責点2で抑えたのだが、味方打線が沈黙、零封されてしまっては手の施しようがなかった。

なんとかして新記録だけは逃れたい権藤、そして大洋の迫畑正巳監督はここで「秘策」を繰り出した。

六月十七日の国鉄戦(川崎)。先発は権藤ではなく江田孝投手だったが、4回までに5対1とリードしたところで、江田を降板させ権藤をマウンドに送ったのだ。

野球規則では、先発投手は5回を投げ切らないと勝利投手の権利を得ることができない。つまり、そのまま江田が5回以降も投げて、リードを保ったまま勝利を得れば、江田が勝利投手になる。しかし、江田が4回で降板した以上、勝利投手の権利はなく、続く5回から登板した権藤がそのままリードを保って、リリーフした投手のなかで一番長いイニングを投げることができれば、権藤が勝利投手となる可能性が高い(最終的には公式記録員の判断でリリーフ投手のうちの誰かになる)。

なんとしても権藤を勝利投手にしてやりたいという迫畑監督の「親心」だったが、結果は最悪。

権藤は3ラン本塁打を喫して、あっという間に1点差に追い上げられた。するとと動揺したのか、権藤は押し出し死球で同点にしてしまう。さらには、三塁走者への牽制球が逸れて悪送球となり、決勝点を奪われてしまった。つまり、自滅の格好で逆転負け、敗戦投手になり、ついに連敗記録の日本記録ホルダーになってしまったのだった。

四年目は20試合の登板で0勝は言わずもがな、13敗を記録している。

前年の8連敗を加え、連敗記録は21に伸びていた。連敗に憂鬱な気分のまま始まった一九五七年、シーズンが始まっても権藤は勝てなかった。

四月六日、阪神戦（川崎）に敗れ、ついに「世界記録」に並ぶ。十一日の巨人戦（横浜公園）でも敗戦投手となり、ついにそれを更新してしまう。ありがたくない世界記録ホルダーの誕生だ。

そして記録はついに、一人無人の野を行くがごとく、28連敗まで伸びていた。

「手変え品代え」、迫畑監督もなんとしても権藤に勝利をと、策を練る。

そして迎えた七夕の夜。七月七日の巨人だった。

長嶋茂雄が入団する前年のことだ。畑迫監督は、試合前にエースの秋山登に打撃練習をやらせた。それを見て、巨人ベンチは、右腕アンダースローの秋山対策で、左打者をずらりとならべた。

大洋の先発予定は、はなから権藤である。巨人ベンチの裏をかく作戦は功を奏した。

マウンドに上がった権藤は、試合当初こそピンチもあったが、回を重ねるごとに調子を上げ、3回には自らタイムリー安打を放つなど、すべてが記録ストップのためにうまくいっているようである。

持ち前のドロップも面白いように決まり、終わってみれば、強力巨人打線をわずか4安打に抑える完封勝利。これまでの苦労がウソのように、あっさりと勝利を手にし、「悪夢」の連敗記録をついにストップさせた。ベンチから駆け出してきたチームメートの手によって、まるで優勝したかのように、権藤は胴上げされ、その顔は笑顔であふれた。

試合後の権藤投手は「記念すべき日になるでしょうね」と、ほっとしたような笑顔を浮かべた。この連敗記録が、ただ不名誉な記録でないことは書いた。権藤投手の実力を揶揄するものではないことも書いた。弱小球団であったとはいえ、プロ野球で、勝ち目のない投手を起用することはまずない。28も連敗するまで、投げさせたのは、権藤という投手にそれだけ魅力があった、可能性があったという証明なのだ。その意味では、一つの勲章ともいえる記録であると言えると思う。

ところで、ダントツの「アンタッチャブル」記録だと思われていた権藤の連敗記録は、メジャー・リーグであわや更新されるかも、ということがあった。

ニューヨーク・メッツのアンソニー・ヤング投手が、一九九二~九三年シーズンにかけて、連敗を重ねたのである。ついには27連敗。権藤の記録に並ぶか抜くかと、思われたところでストップした。

「こんな不名誉な記録、抜いてほしかった」と思ったのか、「どんな記録でも世界記録というのはすごいこと、抜かれないでよかった」と思ったのか。権藤はそのとき、どう思ったのだろうか。

【権藤正利投手：連敗"世界記録"の道のり】

<1955年>

登板	日時	勝敗	対戦相手	球場	投球内容	投球回	奪三振	被安打	失点	自責点
24	7/6	○	国鉄	後楽園	救援	6 2/3	6	3	0	0
25	7/9	●	広島	熊谷市	救援	3	4	5	1	1
26	7/10	●	広島	美原公園	救援	4	2	2	1	1
27	7/17	●	広島	広島総	先発	3	2	5	3	1
28	7/20		中日	中日	救援	7	7	3	2	1
29	7/23	●	巨人	後楽園	先発完投	8	7	9	4	4
30	7/26	●	国鉄	川崎	先発	6	4	7	8	8
31	7/31		阪神	茨城県営	救援	3 2/3	1	0	0	0
32	8/4		巨人	群馬敷島	救援	1 2/3	0	1	0	0
33	8/7		中日	県富山	救援	2	3	1	0	0
34	8/10	●	巨人	川崎	先発	3 1/3	2	7	6	6
35	8/14		国鉄	県宮城	救援	1	0	1	0	0
36	8/18		中日	中日	救援	4	4	1	0	0
37	8/20	●	国鉄	県大宮	救援	3 1/3	4	1	1	1
38	8/23		阪神	大阪	救援	6	3	9	6	6
39	9/10	●	阪神	大阪	先発	1/3	1	3	5	3
40	9/23		広島	川崎	救援	4	1	3	2	1

<1956年>

登板	日時	勝敗	対戦相手	球場	投球内容	投球回	奪三振	被安打	失点	自責点
1	3/22	●	中日	中日	先発完投	8 1/3	5	6	3	3
2	3/27	●	巨人	川崎	先発	7	1	7	5	5
3	4/3	●	巨人	後楽園	先発	7	4	5	2	2
4	4/7		広島	川崎	先発	5	6	2	4	4
5	4/11		阪神	川崎	救援	3	2	0	0	0
6	4/12	●	阪神	川崎	先発	8	4	7	1	0
7	4/15		国鉄	高崎	先発	5	4	5	2	1
8	4/19	●	中日	中日	先発	6	4	6	6	3
9	4/22	●	国鉄	金沢	先発	6 2/3	3	5	3	3
10	4/29	●	巨人	川崎	先発	4	2	8	5	4
11	5/3	●	阪神	甲子園	先発完投	8	2	6	3	2
12	5/20	●	阪神	甲子園	先発	7	5	8	3	3
13	6/10	●	広島	下関市	先発	6	5	8	2	2
14	6/17	●	国鉄	川崎	救援	3	4	4	6	4
15	7/25		巨人	八王子	先発	1	0	2	0	0
16	8/8	●	国鉄	川崎	先発	1 1/3	0	4	3	3
17	8/15		巨人	後楽園	救援	2	1	0	0	0
18	8/23		中日	川崎	救援	1	0	0	0	0
19	8/26		広島	広島総	救援	1	0	2	2	2
20	9/19	●	巨人	川崎	先発	5	3	5	4	2

…………20試合登板　0勝　13敗…………

<1957年>

登板	日時	勝敗	対戦相手	球場	投球内容	投球回	奪三振	被安打	失点	自責点
1	3/31	●	広島	広島総	先発	2/3	1	4	3	3
2	4/6	●	阪神	川崎	先発	8 1/3	0	12	9	8
3	4/11	●	巨人	横平和	救援	8	10	4	4	4
4	4/16	●	阪神	甲子園	先発	7	2	8	5	1
5	4/21	●	国鉄	川崎	先発	6	8	5	4	3
6	5/1	●	中日	中日	先発	7	8	5	4	3
7	5/21		中日	中日	先発	4	6	2	1	0
8	5/26		巨人	後楽園	先発	2 1/3	1	4	3	3
9	6/2	●	阪神	甲子園	先発	3 2/3	2	2	3	2
10	6/15		国鉄	後楽園	救援	3 2/3	4	5	1	0
11	6/20		広島	広島総	救援	0	0	1	0	0
12	7/7	○	巨人	後楽園	先発完封	9	5	4	0	0

最後に、これは権藤正利投手が「アンタッチャブル」というよりも、「アンビリーバブル」なお話。

権藤の現役引退は、前代未聞の出来事で自ら決着をつけた。

それは、当時の金田監督を殴打したこと。

普段からいじめのような言動を受けていたと言われる権藤は、その日、ベンチ裏でタバコを吸っていた権藤に向かって通りすがりの金田監督が「サルでもタバコ吸うんやな」と言ったことで、ついに堪忍袋の緒が切れた。監督室まで乗り込み、金田監督を殴打。

実はそのとき、監督室の前に立って、誰も入ってこないように見張り役をしていたのが江夏豊だった。常々、金田監督の言動にイライラしていたという江夏は、権藤の気持ちを慮り、自ら見張り役を買って出たのだという。

「すっきりした?」

「おう、ありがとう!」

権藤は、それを最後にユニフォームを脱いだ。

第五章　代打本塁打世界記録　高井保弘選手

現役を終えられて二十年近くたっていただろうか、久しぶりに見た高井は、ジャンパーを羽織り、ポケットに手を突っ込んだまま現れた。その姿は、町中を普通に歩いている「おっちゃん」たちとなんら変わらない。いわれなければ、「元・プロ野球選手」とは、にわかには信じられない。

現役時代、ホームランを量産していたころは、でっぷりとした体形、突き出たお腹、あたりを睥睨しながら闊歩する姿が印象に残っていたから、とても「高井保弘」本人とは思えなかったのだ。

「痩せたやろ。小さくなったやろ」

そういったのは高井のほうだった。こちらが聞きたかった思いを察してくれたのかもしれない。

本人にいわせると、「みんなにそう聞かれるから」

そういって笑ったが、相手の心理を読み、クセを読み取ることが高井の得意とするところ。それで高井は日本を代表する打者となったのだ。

高井といえば、代打での本塁打記録が代名詞。メジャー・リーグと合わせても歴代最多の27本を記録した。代打本塁打のメジャー記録は23本。中日ドラゴンズでもプレーしたことがあるマット・ステアーズ（アスレチックスなど）が記録している。

高井が代打を中心に一軍で活躍をし始めてしばらくたったころ、メジャー・リーグのアメリカン・リーグで採用されていたDH（指名打者）制を、日本プロ野球でもパ・リーグが採用し、一九七七年から施行された。

「高井のためのDH制という人もおった」

高井はそういったが、高井が在籍していた阪急ブレーブスは、高井をはじめ、長池徳士や加藤秀司ら「DH候補」は多数いて、高井がというよりチームにとって有効な制度となった。実際、加藤に代わって一塁につくことも多く、翻ってそれが、高井の代打本塁打のペースを落とすことになったのは皮肉といえるかもしれない。

相手の心理を読み、クセを盗む。高井の打撃の秘訣はこの二点があげられる。「高井メモ」と呼ばれた、投手の癖を見つけ、それを書き記したメモの存在は、当時から有名だった。

高井のプロ第一号本塁打は、入団二年目の一九六七（昭和四十二）年九月二日の近鉄戦。近鉄の右腕、坂東里視投手から9回表に放った3ランホームラン。代打での出場だった。それから一九八二（昭和五十七）年に引退するまで、代打として通算27本の本塁打を打った。

ちなみに、代打通算本塁打の二位は大島康徳（中日―日本ハム）の20本。日本球界の代打本塁打数

高井保弘選手［イラスト・著者］

の多い順に並べてみると、いずれも現役を引退した選手ばかりで、もっとも最近の選手といえば、阪神で「代打の切り札」「代打の神様」と呼ばれたこともある桧山進次郎が14本で、順位でいえば、広永益隆(ヤクルトほか)、吉村禎章(巨人)と並んで七位だ。本数だけでいえば、高井の27本は世界記録だけあって、日本球界でもダントツの数字ということができる。

一九六七年に初本塁打を放ったものの、なかなか一軍に定着できなかった高井は、阪急の監督が西本幸雄から上田利治に変わってからは、一軍での出場が一気に増えた。名監督として名を遺す西本幸雄だが、高井にとっては相性の悪い監督だったらしく、「二軍で結果を出しても全然使ってくれなかった。強い先入観を持たれているようだった」と、高井は振り返ったことがある。

「高井は変化球が打てない」

入団間もないころ、高井の打撃を見た西本が、たまたま変化球に凡退した姿を見て、それが強く深く刷り込まれてしまったということだろう。のちの巧みな打撃を見てもわかるように、決してそんなこともなかったのだが、運悪く、西本監督の前で変化球に凡退してしまった姿を見せてしまったのだ。

「この先入観を払拭しないことには一軍で活躍することはできない」

高井は工夫を重ねて打撃を向上させた。二軍で首位打者、本塁打王、打点王に輝いたこともあるほど結果を残したが、それでも一軍定着には至らなかった。

変化球に弱いという先入観に加え、守備力にも難があったこと(これについては高井自身否定していない)、さらに高井が守れそうなポジション、たとえば一塁には加藤秀司やダリル・スペンサーなど、主力選手がおり、高井の登場を待つまでもなく、戦力は十分という判断が西本監督にはあったのかもしれない。

ただ、高井にとっては、二軍で結果を残しているのに一軍に上げてくれないということで、不本意であり、西本監督に対して大きく不満を抱えていた。

高井は、いつか西本監督を見返してやりたいという気持ちは長く持ち続けており、実際に、当時近鉄監督だった西本幸雄と会ったとき、「江夏の21球」で有名な一九七九年の日本シリーズを持ち出して、「お前がうちにおってくれたらなあ」と言ったが、「何を言うてんねん。あんたはワシを使ってくれんかったじゃないか」という言葉が、喉元まで出かかった、と言った。

「内心、ザマアミロ、と思ったよ」

まさに阪急時代の溜飲を下げたのだった。

それでも、西本監督に目を向けさせるために、高井が行った工夫や努力は、その後の高井を支える土台になった。

まず長打力を伸ばすためにバットを長距離打者型に変えた。長距離打者型とは、グリップが細く重心がバットの先の方にあるものだ。

さらに、人一倍食べて、身体を無理やり大きくした。一七三センチ、八〇キロ前後の当時の高井は、ことさら大きな体格というわけではない。パワーをつけるにはやはり体を大きくすること、寮のどんぶり飯を毎回三〜五杯は食べたという。

そのかいあって、体重は九〇キロ台の半ばをキープ。長距離砲としての土台は完成した。

そしてバットの改良。実は高井の手のひらは大きくない。というよりも小さい。身体のわりに小さい手で握るバットは、太いとうまく握れないのである。というよりも、バットに力を伝えにくい。その手ゆえに、グリップを細くしないと、バットをかっちりとつかんだ実感が得られない。しっかりと振れないのである。もとより、長打を打つために肉体の改造を施し、目的を達成した。その流れで、バットを長距離打者型に変えるのは自然の流れ。それが、コンプレックスだった小さい手のデメリットをカバーするにも、ぴったり合った。

高井が代打で本塁打を量産し始めたころのメジャー・リーグでの記録は、J・リンチ（パイレーツ）が持っていた18本だった。一九七四年、シーズン最多代打本塁打記録を更新した高井にとって、初めて意識させられたのが、この記録だ。

一九七五年は、その後リーグ優勝を果たし、セ・リーグで初優勝を飾った広島カープと戦った日本シリーズで、阪急にとって初めて日本一を達成した年でもある。

六月七日、西宮球場で行われたロッテ戦での9回裏、今津光男遊撃手の代打で登場した高井は、成田文男投手からレフトスタンドにソロ本塁打。これが世界タイ記録となった。

そして新記録は、それから二カ月あまりたった八月二十七日。当時のロッテの本拠地であった仙台宮城球場（現・楽天本拠地の楽天生命パーク宮城）で行われたダブルヘッダー第一戦だった。

初回、先発メンバーとして発表されていた森本潔三塁手がケガ。第一打席で、その森本に代わっていきなり、高井が代打として出てきた。すると高井は、ロッテの先発、金田留広投手から左中間スタンドに本塁打。これが通算19本目の世界新記録となった。

その後は、シーズンによっては一塁手やDHでの先発出場が多く、代打本塁打が1本もなかった年もあったが、引退前年の一九八一年、4本の代打本塁打を放つなど数字を伸ばし、通算で27本とした。

前記したように、その後メジャーでは、23本の代打本塁打を放ったステアーズのような選手もいるので、高井が27本まで数字を伸ばしたことは意義がある。日本では大島が通算20本としているが、大島はシーズンの最多代打本塁打7本の日本記録の持ち主でもある。当時、記録についてどれほどの認識があったのかはわからないが、「27」まで数字を伸ばしたということは、世界記録の価値を高めるものだろう。

高井の代打としての「晴れ舞台」はもうひとつあった。世界記録を更新した前年のオールスターゲームがそれだ。

この年、代打本塁打を重ね、当時の日本記録となるシーズン最多代打本塁打を放った高井は、監督推薦によって、初めてオールスターゲームに出場した。

第一戦、0対2とリードされた9回裏、二死一・二塁のチャンスに代打として出場すると、セ・リーグの松岡弘(ヤクルト)投手から、見事にサヨナラ3ランを放ち、MVPを獲得した。まさに

「代打男」の面目躍如、輝いた瞬間でもあった。先に記した相手投手の心理、クセを読む高井の打撃の真骨頂だった。この打席でも、そのクセを呼んだメモが役立った。

当時はいまのように交流戦があるわけではない。パ・リーグの選手がセ・リーグの投手と対する機会といえば、オープン戦などは別にして、日本シリーズのみだ。そして、高井がセ・リーグの投手のクセをメモしていたのも、その日本シリーズ向けだった。

「オープン戦などで対戦したときに、セ・リーグの投手たちのクセを見つけてメモっていた。日本シリーズで対戦することを考えていたから」

当時の阪急ブレーブスはまさに黄金時代。投手では山田久志、足立光宏らが中心で、そののちには山口高志、今井雄太郎や、佐藤義則といった投手らが中心となった。打者でも福本豊、加藤秀司、外国人選手ではマルカーノやブーマーらもいた。

日本シリーズの常連だった時代で、V9巨人には勝てなかったが、一九七五年に日本一となって以後は、多くのチームが「打倒阪急」を旗印に、ペナントレース、日本シリーズを戦っていた時代だった。高井が日本シリーズで対戦するかもとメモしていた理由がわかるだろう。

そもそも、高井が投手の癖を分析するようになったきっかけは何だったのだろう。

それは一軍に定着し始めた一九七〇年のこと。当時、「史上最強の助っ人」といわれ、日本野球を変えたともいわれた、チームメイトのダリル・スペンサーが、打席が終わるごとにノートを広げて何かを書き留めている姿を見たからだった。

通訳をとおして、スペンサーに何をしているのか訊いた。すると、投手のクセや特徴を書き留めているという返答だった。

たとえば、「手首の角度の違いによって、こうなら球種は直球、これならカーブかスライダー、変化球の曲りはこれくらいとか、そういうことを書き留めている」という。

スペンサーといえば、当時では来日選手のなかでトップクラスの実績をメジャーで残していた。メジャー通算１０９８試合に出場し、通算１０５本塁打を記録していた。

「そんな選手でも、そんなことやっとんのや」

スペンサーに感心した高井は、自分も対戦する投手のクセを書き残しておこうと考えた。

阪急ブレーブスが本拠地としていた西宮球場は、同じく阪急がかかわっている宝塚劇場がそうであるように貴賓室があり、そこには豪華な絨毯が敷かれ、紅いカーテンが特別室であることを示していた。それがネット裏の打席の真後ろにあり、投手を観察するにはもってこいの場所だった。

試合が始まるとベンチから抜け出した高井は、私服に着替え、ジャンパーを羽織って目立たないようにして、ネット裏に移動。貴賓室にお客さんがいないときには、カーテンの陰に隠れて、相手投手を観察した。部屋に誰もいないのだから中に入って堂々と見ていればよかろうと思うのは浅はかな考え。座席から見ていれば投手からわかる。高井が何かやっているぞと、うわさになっては困るのだ。高井の「仕事」に影響が出ないとも限らない。だから、こっそりと、カーテンの陰に隠れていた。

「代打要員だから特別なことでもなければ試合の前半は出ることはない。時間があったから、じっくりと見ることができた」と高井は話す。むしろ気を遣ったのは相手にバレないようにということ。気をつけたのは「普通のおっちゃん」として見られること。上着を着て、帽子をかぶれば、ほぼ完璧だった。

相手のクセを見破るポイントはどの辺にあったのだろうか。まずはグラブの動きなのだという。「早く上げるかゆっくり上げるか。両手を振りかぶったときにグラブと頭の位置が近いか遠いか。グラブの角度は、球種によってそれがわかる投手がいる」

それを高井は、一軍に定着するまえ、一軍と二軍を行ったり来たりしていたころから行ない、メモに残していた。先に記したオールスター戦の松岡投手から放った本塁打は、松岡の動きからシュートが来ると予測していた。左腕が上がった角度によってシュートが来るとわかったのだ。シュートを予想した高井は、内角シュートに対応するために、踏み出した左足を体側から一歩分、開き、対応した。

実は、高井がオールスター戦に出場したのはこの年だけ。三戦制で行われていた当時のオールスター戦だが、高井の出場は第二戦はなく、第三戦では代打出場はあったものの、ストレートの四球で打席を終えている。つまり、高井がオールスター戦でバットを振ったのはこのサヨナラ本塁打の一度だけなのだ。

一九七七年から七九年までの三年間は、代打としてではなく、DHと一塁手として出場機会を増やし、規定打席にも到達した。うち二年間は打率も三割を超え、ベストナインも獲得した。代打本塁打は、その間激減したが、一九八〇年からは代打に戻り、一九八一年九月三日の西武戦で、永射保から、サヨナラ本塁打を打ち、これが通算3本目の代打サヨナラ本塁打、そして最後の代打本塁打となった。

高井の現役時代のイメージは、外国人選手にも負けぬ巨体で、豪快な本塁打を放つというものだ。たしかにパワーを増すために体を大きくし、太らせたことはあるが、本来の高井は小柄で、手足も小さい。むしろ、バットコントロールに長けた巧打者というのが「通」の見方だった。

ただ、長打を求められるため、体に負担をかけ続けてきたのは事実で、たとえばバットも、グリップを細くしていたのは、前記したとおりだが、手首に負担がかかり、結果的に手首を痛めてしまう結果になった。たとえば岡田彰布(阪神)がそうだったが、リストワークが巧みな打者にありがちな、軟骨突起《ガングリオン》を引き起こし、悩まされた。

さらには、椎間板ヘルニアや両足首痛など、故障はついてまわり、レギュラーになって数年で、代打への復帰、そして引退に追い込まれた。

代打専門で、なかったはずの守備も、加藤秀司の故障などもあって、代わって高井が守るケースも多くなる。当時は人工芝グラウンドのはしりの時代。硬いコンクリートの上にゴムを敷き、その上に絨毯を敷いたような人工芝球場が、身体を傷めつけたといわれている。

晩年の高井はガングリオンに悩まされ、その保護のため、バッティング用手袋ではなく、厚手のスキー用手袋を使ったこともあった。腰痛のため、コルセットを巻いたまま出場したこともあった。いまでこそ、ビデオ映像録画は充実しているし、投手のクセを見つけることは、当時ほど難しくない。しかし、当時の選手やスコアラーたちは、球種を読むために、クセを見つけることに必死になった選手もいると聞く。

高井は現役のとき、他の選手から「金を出すからクセを教えてくれ」と持ちかけられたこともしばしばあった。ただ、高井は教えることはなかった。その理由は「危ないから」。チームメイトといえども、出場のためにはライバルであり、安易にライバルにクセを教えることは、自分の身を危うくするということだ。

また、一方でクセを教えて、それを完全に理解して対応してくれればいいが、たとえば、相手投手自身がクセがあることを知り、修正していたりすると、思っていた球種と違う球が来ることもある。わかりやすくいえば、クセからカーブと読み、そのつもりで踏み込んでいったら、投手が投げてきたボールは実際はシュートだったということもあり、それでもただの見逃しストライクで終わるなら良いが、そのシュートが体の近くにきたら、とてもではないがよけきれない。死球であたりどころが悪ければ、大ケガにもつながりかねない。そんなことを考えると、「とても教える気にはならなかった」と高井は言った。

たとえば南海ホークス時代の江夏豊投手。高井は「江夏はフォークのとき、手の筋がはっきりわかる。その濃淡でフォークと読んだ」と、ある雑誌の取材に答えていたが、実は江夏はフォークボールを投げていない。

「指が短いのでうまくボールを挟めない。阪神時代に、チームの先輩にフォークボールの使い手である村山実さんがいたので、自分も憧れてフォークに挑戦したことはあるけれど、ベース前にたたきつけたり、すっぽ抜けたりで、とても試合で使えるようにはならなかった。大事なところで投げたのは、小さく曲がるタテのカーブ。もしもフォークと思ってくれたのなら、それはそれでいいけど」と、かつて江夏が話したことがあった。

「落ちる球」というくくりでいえば、高井がフォークと間違っても仕方がなかったとは思うが、そういうことを考えても、安易に他人に教えて、間違った情報を共有するのは、よくはなかったはずだ。だから、高井の判断は賢明だったということができるだろう。

高井保弘　世界記録　通算27本　代打本塁打

［一九六七年］

第1号　九月二日　坂東里視（近鉄）　9回表　3ラン　プロ初本塁打

［一九七〇年］

第2号　六月二十七日　村上雅則（南海）　4回裏　三年ぶりの本塁打

第3号　七月三十日　乗替寿好（西鉄）　7回裏　福本の代打で登場2ラン

第4号　十月十八日　宮崎昭二（東映）　8回裏　同点2ラン

［一九七十二年］
第5号　五月九日　清俊彦（近鉄）　8回裏　完封逃れる一矢
第6号　六月八日　上田卓三（南海）　9回表　ダメ押し3ラン
第7号　七月二十日　成重春生（ロッテ）　6回表　逆転3ラン
第8号　八月二十七日　横山晴久（東映）　7回裏　ダメ押しソロ
第9号　九月二十三日　佐々木宏一郎（近鉄）　10回裏　同点2ラン

［一九七三年］
第10号　九月十五日　田中章（太平洋）　9回表　勝ち越し決勝2ラン

［一九七四年］
第11号　四月十七日　渡辺秀武（日本ハム）　9回裏　逆転サヨナラ2ラン
第12号　四月二十四日　加藤初（太平洋）　5回裏　逆転2ラン
第13号　五月十九日　三浦政基（日本ハム）　9回表　決勝3ラン
第14号　六月二十八日　東尾修（太平洋）　1回表　偵察要員の代打

第15号　七月十三日　中山孝一（南海）　8回表　ソロ
第16号　八月十六日　金田留広（ロッテ）　9回　ソロ

［一九七五年］
第17号　四月二十五日　皆川康夫（日本ハム）　8回裏　同点2ラン
第18号　六月七日　成田文男（ロッテ）　9回裏　ソロ
第19号　八月二十七日　金田留広（ロッテ）　1回裏　偵察要員の代打でソロ

［一九七六年］
第20号　四月八日　高橋直樹（日本ハム）　11回裏　サヨナラ2ラン

［一九八〇年］
第21号　六月十二日　金城基泰（南海）　9回表　決勝ソロ
第22号　六月二十八日　藤田学（南海）　1回裏　偵察要員の代打でソロ
第23号　九月二十日　水谷則博（ロッテ）　4回表　反撃ののろしとなる3ラン

［一九八一年］

第24号　四月二十二日　橘健治（近鉄）　5回裏　ダメ押し3ラン

第25号　四月二十四日　森繁和（西武）　8回裏　反撃の3ラン

第26号　五月十九日　東尾修（西武）　9回表　逆転につながる2ラン

第27号　九月三日　永射保（西武）　9回裏　サヨナラソロ

第六章　連続試合出場記録　衣笠祥雄選手

こんな数字の比較をしたらかえって無理矢理だとか、理不尽さを際立てることになりはしないかと危惧するところもあるのだけれど、それでも「アンタッチャブル」な記録としては、衣笠祥雄選手の連続試合出場の記録は加えておきたい。

現役時代、「鉄人」と謳われた衣笠さんの死去の報に接することになったのは、二〇一八年四月のことだった。その現役時代の、引退まで足掛け十八年間で積み上げた「２２１５試合連続出場」の記録は、単純な数字比較だけでいうなら、衣笠選手がユニフォームを脱いで四年後、メジャー・リーグでカル・リプケン（オリオールズ）が更新し、最終的には２６３２試合連続試合出場まで数字を伸ばした。

ひと言でいうなら、どちらもすごい。

試合数だけでいうなら一目瞭然、リプケンが衣笠を大きく上回っているので、そりゃ、すごい。

一方で、試合数だけで見逃されそうなことだが、試合に出続けた「年月」でいえば、実はリプケンよりも衣笠のほうがより長いのである。リプケンの記録は十七年をかけて積み上げたものであるが、衣笠のそれは、リプケンを一年上回る十八年をかけて記録されたものなのである。

この違いはどこからくるか。多少なりともメジャー・リーグに興味のある方なら、ピンとくるかもしれない。簡単な話で、1シーズンの試合消化が、メジャー・リーグでは161〜162試合を消化するのに対して、日本のプロ野球では、衣笠の現役時代は、一年で130試合が通常の消化試合数だった。一年間の消化試合数の差が約30。これがメジャーと日本プロ野球がほぼ同数であったら、当然のことながら単純な掛け算でいうなら、衣笠のほうが数字は上回るということになる。

そんなことを考えると、「連続試合出場」というカテゴリーでは、「試合数」において最も長い記録を残したリプケンと、「日数」で最も長い記録を残した衣笠と、ともに「世界一」「アンタッチャブル」な数字を残した選手として記録にとどめておきたいのである。どちらが偉大かなんて、比較するのは野暮というものだろう。

「……れば」「……たら」でいうなら、日本プロ野球が年間160試合であったら、衣笠は全試合に出続けることができたのか。体力的な問題も出てこよう。試合数が多ければ、その分ケガなどをする機会も増えるということだ。

逆にメジャー・リーグが年間130試合だったら、リプケンは記録に達するまで二十年を要する。その間、出続けることができたか、衣笠同様「十八年」出られたかどうかもわからない。

Hiroshima
3

メジャー・リーグにおける遠征時の移動距離の長さに衣笠が耐えられると思うのか。じゃあ、梅雨や、広島の夏を襲う「瀬戸の夕凪」という大敵の気候にリプケンは耐えられるというのか。「たら」「れば」話には、きりがない。

二人の偉大さは、以後に続く「後継者」を持たないことでも、よくわかる。

日本プロ野球でいま、衣笠の連続試合出場を「追っていた」のは、阪神タイガースの鳥谷敬選手だったが、衣笠が逝去したという報に接した四月二十二日、鳥谷の連続試合出場は1900試合。単純計算でいえば、この時点からでも衣笠の記録を抜くまで約三年かかる状況だったが、不振に陥っていた鳥谷は、五月二十九日の試合に出場機会がなく、ついに連続試合出場の記録が途切れてしまった。

もともと遊撃手としてプレーしていた鳥谷は、守備面での衰えが目立ち、二〇一六年からは三塁手、二〇一八年は二塁手としてプレーしていたが、打撃面での衰えも目立ち始め、残念ながら「連続試合出場記録を守るため」に出場させてもらっているという試合が続いたなかでの決断だった。それでも歴代二位の記録は立派な数字だと思う。

続く三位は、その鳥谷の欠場を監督として決断した金本知憲。1766試合である。

鳥谷の連続試合出場記録がストップしたいま、連続試合出場を継続している選手で最多は、秋山翔吾(西武)であるが、二〇一八年シーズンを終えて681試合。秋山はフルイニング連続試合出場記録も継続中でこちらは、同じく昨年終了した時点で595試合まで伸ばして、これはすでにパ・

リーグ記録だ。

このフルイニング連続試合出場記録は、金本がダントツの数字。1492試合を数えている。衣笠は三位の678試合。

秋山は、二〇一九年シーズンをフルイニング出場を果たせば、その衣笠だけでなく、二位の三宅秀史(阪神)の700試合も超えることになり、フルイニング出場記録においては二位に躍り出る。

連続試合出場記録については、衣笠の2215試合に比べて1534試合の差があるので、こちらは、いまのシステムが続くとして、年数にして十一年はかかる計算になる。現在三十歳の秋山だが、四十一歳になる年まで出場し続ければ衣笠の数字に手が届くということになるが、これは至難の業だろう。

衣笠は、ドラフト会議が制定されるまえ、一九六五年に広島カープに入団した。高校球界の名門、平安高校(現・龍谷大平安高校)の強肩強打の捕手として期待されたが、その売り物の強肩を、入団早々のキャンプで傷め、持ち味のひとつを失った。それでも一塁手にコンバートされ、将来の中心打者に、と期待は大きかったのだ。

高卒選手の衣笠の四年後、法政大学の山本浩二がドラフト一位で入団し、他にも三村敏之、水谷実雄ら、のちに主力選手となる若手の有望格がそろったところで、当時の根本陸夫監督は、かれらを中心とした英才教育を施した。

コーチ陣も広島カープのOBではなく、同世代の指導者として名高い、広岡達朗や関根潤三ら、のちに他球団で監督を務めた名伯楽たちを招き、指導にあたらせた。

若いころはやんちゃだったという衣笠だが、日課としていた試合後、真夜中の素振りをさぼり、深夜遅くなって寮に戻ると、玄関先で関根が待っており、あの穏やかな口調で「遅かったな。さあ、やろうか」と衣笠を練習場に連れて行き、朝まで素振りをやらされたこともあったという。衣笠はそれ以後、素振りをさぼることはなかったといい、さらに怒るでもなく、最後まで付き合ってくれた関根には頭が上がらなかったという。

さらに、レギュラーに抜擢してくれたのは長谷川良平監督だった。衣笠本人が「まだまだ力は及ばない」と認めていた興津、藤井両選手が一塁手のポジションにはいたが、そのベテランを控えにまわしてでも衣笠を起用したのはチームの若返りのため。万年Bクラスだった当時の広島カープにあって、衣笠は一番の期待の若手だった。

連続試合出場が始まったのは一九七〇年十月十九日の巨人戦。入団当時から背番号「28」を背負っており、ケガ知らず、試合に出続けるタフネスさもあり、いつしか漫画の『鉄人28号』にあやかって、「鉄人」というニックネームが付けられた。

衣笠が連続試合出場記録を更新した、当時メジャー・リーグの連続試合出場記録を持っていたルー・ゲーリッグ（ヤンキース）が、「アイアンホース（鉄の馬）」とニックネームをつけられていたので、そこにあやかる意味もあったのかもしれない。

転機は一九七五年の、日本球界初の「純」外国人監督、ジョー・ルーツの就任だった。

ルーツ監督は、衣笠に三塁手への転向を勧めた。それは、ホプキンスという助っ人選手を入団させるにあたって、ポジションが被るからだった。そのセリフが実に粋だ。ルーツ監督はこういったという。

「衣笠、君はベストナインを獲りたいと思わないか。一塁手には王貞治がいて相当難しい。ところが三塁手は、これまでベストナインをずっと獲得してきた長嶋茂雄が引退した。いまがチャンスだぞ」

衣笠自身、新しいポジションを始めるにあたって新鮮な気持ちになれたし、三塁手転向が自分の選手寿命を延ばしてくれたのは間違いないといっていた。

そして、そのルーツ監督の「予言」はあたる。

その年、チーム創設以来、初優勝を果たしたカープは、五人のベストナインが誕生し、衣笠も三塁手として表彰されたのだった。

順風満帆だった衣笠にとって、最大のピンチは一九七九年のことだった。

開幕から不振を極めていた。五月ももうすぐ終わろうかという二十七日の段階で打率は一割台だった。そして古葉竹識監督は、衣笠を五月二十八日の先発メンバーから外すことを決断した。

衣笠の盟友ともいえる江夏はその夜、衣笠がかつてないほどに荒れ、その慰めにたいへんだったと話したことがある。連続試合出場とともに、記録を積み重ねていたフルイニング連続出場記録がそこでストップした。三宅の７００試合にあと22試合と迫る６７８試合でストップした。

さらに八月一日の巨人戦で、西本聖投手から死球を受け、左の肩甲骨を亀裂骨折するという重傷を負ってしまう。診断は全治二週間。そこまで１１２２試合まで伸びていた連続試合出場記録もこれまでかと誰もが思ったが、衣笠は翌日の試合に代打で出場。江川卓投手の投球にフルスイングで三球三振した。

衣笠は「朝起きて身体が動かなかったら無理だと思ったけれど、痛くないところをさがしながら振ってみたらバットが振れた。いけると思った」と語ったが、まさに「鉄人」、その強靭さに誰もが目を見張った。

また、三球三振の後、衣笠が残したセリフが秀逸。

「初球はファンのため、二球目は自分のため、三球目は西本君のためにスイングしました」

代打で登場した瞬間は、広島ファンのみならず、巨人ファンやベンチからも大きな拍手が巻き起こった。そして、翌日には途中から守備にもついた。「鉄人」の不死身ぶりには驚きしかなかった。

結果的に、この年は代打や代走、守備固めとしての途中出場が21試合もあった。西本投手の死球による骨折、そして試合出場は、驚き、そして感動させたが、衣笠自身は「普段からケガに強い体ができていたんかな」という。小さなケガはしょっちゅうで、その都度工夫を凝らし、乗り切ってきたのだという。

たとえば、左手の親指を傷めたことがあった。「病院には行ってないので、骨折していたのかもしれない」と笑っていたが、その痛みを消すために、グラブの親指を入れるところにトイレットペーパーの芯を入れ、親指がグラブに直接当たらないようにした。幸い、グラブの改良、進歩によって、グラブ自体、ボールを強くつかまなくても、うまくポケットに入るような構造になってきた時代で、だから乗り越えられた。

また、選手・衣笠にとって何が一番大きかったかといえば、「本拠地が広島市民球場だったこと」だという。人工芝の球場がだんだん幅を利かせ、他球団の本拠地球場に広がっていった時代でもある。そのなかで衣笠は「当時の人工芝は硬くて滑り込むのも難しい。ヘタに滑ると火傷するし。それで膝や腰を痛め、選手寿命を短くした選手は結構いる」と言った。

その点、天然芝の広島市民球場は、選手にやさしい球場であった。トレーニングでは、あえてスパイクを脱ぎ、裸足に近い状態で外野の芝生のグラウンドを走ることも日課にしていた。衣笠によると、芝生の根があって、そこを走るとマッサージ効果のようなものもあり、血流が良くなったような気がすると、よくいっていた。

一九八三年には史上十六人目となる通算２０００安打を達成し、名球会の会員となった。

名球会入りはうれしい。野球人生、長く頑張ってきたことを認めてもらった気持ちになった、といっていた衣笠だが、ひとつだけ心残りがあったとあとで語っている。それは――。

「名球会には錚々たる人がそろっており、そのほとんどの人がタイトルのひとつや二つ、打者なら打率三割を経験している人ばかり。自分はその時点で三割も記録していなかったので、なんとか引退までには三割を記録したい」ということだった。

実際は、三割を経験していない打者も何人かいたが、衣笠にとっては誇りにかけて、引退前に三割を自らの胸に誓ったのだ。

そんな衣笠のプライドを充たす瞬間は、すぐやってきた。

翌一九八四年、三十七歳にして初の打率三割（・３２９）、31本塁打、１０２打点を挙げ、打点王を獲得。さらにチームのリーグ優勝、日本一制覇もあってＭＶＰにも輝いた。最高の一年だったといっていい。

一九八六年六月七日、阪神戦で連続試合出場は２０００試合に届く。メジャー・リーグのゲーリッグが持つ２１３０連続試合出場記録まで、あと45試合に迫って迎えた一九八七年の開幕。

六月十一日の大洋戦で、ついにゲーリッグの記録に並び、さらに二日後の十三日に新記録となる２１３１試合に到達。この日は、自ら花を添えるホームランを放ち、地元広島市民球場に詰めかけた満員の地元ファンをまえに、「ぼくに野球というスポーツを与えてくれた神様に感謝します」と喜びを語った。

六月二十二日には王貞治に続いてプロ野球選手としては二人目の国民栄誉賞を授与された。

衣笠はこのころから、いつ選手を辞めるかを模索していたという。

「ここまでくると他人が辞めどきを決められない。自分の責任において、自分で辞める決断をしなくてはいけないと、ずっと思っていた」

記録のためだけに試合に出るという考え方はなかった。また、監督や球団に自分の辞めどきを決めさせて、責任をかぶせるような真似はしたくなかった。

この年、最終戦となった大洋戦で新浦壽夫から17号本塁打を放った衣笠は、「まだできる」という声をよそに、「2215」で連続試合出場記録をストップさせる決断をした。

足かけ二十年に及ぶ大記録だった。

あとがき

二〇一八年、メジャー・リーグでの大谷翔平の活躍は、米国のファンをも驚かせた。類まれな《二刀流》での活躍は、そのつど、「ベーブ・ルース以来」という形容で表された。投手での勝利と二桁の本塁打は、ベーブ・ルースのほかにいなかったことを改めて思い起こさせてくれた。大谷が打ったたび、投げるたびに「史上二人目」、それもベーブ・ルースに続く二人目なのだという記事が躍っていた。

メジャー・リーグにおいて、ベーブ・ルースは永遠のアイドルである。

その昔、ロジャー・マリスがシーズン本塁打記録でルースを抜いたときには、「試合数が違う」「マリスごときと一緒にするな」と非難の声が起こり、マリスの記録は試合数を「注釈付き」で紹介することを余儀なくされたこともあった。

大谷は、そのルースと並び称されているのである。これはすごいことだ。

とはいえ、大谷は「二人目」に過ぎない。

日本には、メジャー・リーグと比べても追随を許さない、すごい「ナンバーワン」の選手たちがいる。しかし、それらの記録はいま、「すごすぎる」がゆえに、プロ野球の世界で話題になることがほとんどない。

本書で紹介した選手たちの記録は、書名にあるごとく、まさに「アンタッチャブル」。現役の選手にとっては、とうてい及ばない記録である。それはわかっている。

わたしは、今回紹介した方々、あるいはその周辺を、野球専門誌の仕事をしていたころから、いろいろお話を聞かせていただいた。あいにく、多くの方が故人となってしまっているのだが、現役時代には話すことのできなかった打ち明け話を含め、いろいろ楽しくお話をさせていただいた。

たとえば、本書に書いたが、稲尾さんはずっと「自分でも球団からも、連盟に問い合わせて、(スタルヒン投手の記録が)40勝だと答えをもらっていた。それが、シーズンが終わってから《42勝だった》はないよなあ」と、言っておられた。

稲尾さんは悪口を言わない、悪態をつくこともない、私から見れば聖人のような人だ。その稲尾さんが、この点だけは大いに不満を口にし、隠すことがなかった。それほど悔しかったのだと思う。

いまも覚えているのは、お亡くなりになる前年のこと。福岡で取材の機会を得た。お話をうかがったのは、ご担当していたスポーツ番組の収録があって、その放送局の近くのお店だったと記憶している。取材の内容は42勝についてではなかった。

しかし、そのときもご自身から「42勝」のことをお話になった。だから、逆に強く覚えている。

いまさら、いかんともしがたいということは、当然ご本人もわかっているのだが、心残りを持ったまま、お亡くなりになったのだとしたら、親しくしていただいた私が、その偉業が、いかに「大偉業」だったかを語りついでいかねばならないと、私自身、心の隅で持ち続けていた。

稲尾さんの記録のみならず、私が記者時代に接した人の、まさに「大記録」が注目されない、軽く見られているような気がするのは、ずっと残念でならなかった。

だから今回、そんな昔の選手の大偉業をあらためて紹介する機会を得られたのは、私にとって大きな喜びでもあった。それらの大偉業をこういうかたちで紹介させていただく機会を与えてくれた、ご担当の河野和憲部長には感謝の言葉しかない。

拙文ではありますが、プロ野球界のレジェンドたちの、レジェンドな記録を、再認識していただいて、野球談議の肴にしてもらえることがあれば、これ以上の喜びはありません。

柳本元晴

二〇一九年春

【著者】
柳本元晴
…やなもと・もとはる…

1956年広島市生まれ。修道高校、立教大学卒業。1982年ベースボール・マガジン社入社。「週刊ベースボール」編集部にてプロ野球、アマチュア野球などを中心に編集記者を務める。1991年水泳専門誌「スイミング・マガジン」編集長就任。1992年バルセロナ、1996年アトランタ五輪を現地取材。1998年、「ワールド・サッカーマガジン」誌の初代編集長。1999年3月から約10年間「週刊ベースボール」編集長を務める。プロレス、サッカーに押され気味だった「週刊ベースボール」誌を立て直す。その間、編集局局次長に就任し兼任。2009年に分冊百科「プロ野球セ・パ誕生60年」創刊に携わり、全100巻を発行。2014年1月ベースボール・マガジン社を退社。ライターとして活動を始める。2012年から4年間、東京六大学野球連盟の公式記録員を務めた。主な著書に『カープのスカウト宮本洋二郎』(彩流社)がある。

Sairyusha

アンタッチャブル・レコード
二〇一九年四月十五日　初版第一刷
著者——柳本元晴
発行者——竹内淳夫
発行所——株式会社 彩流社
〒102-0071
東京都千代田区富士見2-2-2
電話：03-3234-5931
ファックス：03-3234-5932
E-mail：sairyusha@sairyusha.co.jp
印刷——明和印刷(株)
製本——(株)難波製本
装丁——中山銀士+金子暁仁

ISBN978-4-7791-2495-2 C0075
http://www.sairyusha.co.jp